数据库技术及其在数字图书馆中的应用

陈庆标 编著

内 蒙 古 出 版 集 团
内蒙古科学技术出版社

图书在版编目（CIP）数据

数据库技术及其在数字图书馆中的应用/陈庆标编著.—赤峰：内蒙古科学技术出版社，2016.5（2022.1重印）
ISBN 978-7-5380-2656-6

Ⅰ.①数… Ⅱ.①陈… Ⅲ.①关系数据库系统—应用—数字图书馆—研究 Ⅳ.①G250.76

中国版本图书馆CIP数据核字（2016）第109352号

数据库技术及其在数字图书馆中的应用

作　　者：	陈庆标
责任编辑：	季文波
封面设计：	李树奎
出版发行：	内蒙古出版集团　内蒙古科学技术出版社
地　　址：	赤峰市红山区哈达街南一段4号
网　　址：	www.nm-kj.cn
邮购电话：	（0476）5888903
排版制作：	赤峰市阿金奈图文制作有限责任公司
印　　刷：	三河市华东印刷有限公司
字　　数：	230千
开　　本：	787mm×1092mm　1/16
印　　张：	11.75
版　　次：	2016年5月第1版
印　　次：	2022年1月第3次印刷
书　　号：	ISBN 978-7-5380-2656-6
定　　价：	58.00元

前　言

数据库技术是计算机科学中的一个非常重要的部分,近40年来,数据库技术得到了日新月异的发展,面向对象的数据库系统、多媒体数据库系统、分布式数据库系统、数据仓库、Web数据库、知识库与智能数据库系统、工程数据库、并行数据库、主动数据库、模糊数据库等新亮点不断涌现,使数据库大家族更加兴旺,数据库技术的应用领域也越来越广泛。

数字图书馆是现代计算机技术、网络技术、信息处理技术以及数据库技术综合运用的产物,成为21世纪图书馆事业发展的主旋律。在数字图书馆中引入数据仓库技术,有助于解决网络信息资源的无序性、开放性、动态性、多样性、容量大、用户广、互动性强和质量不均衡等引发的问题,真正实现了数字图书馆的资源规范化、决策科学化和服务个性化。

本书在介绍数据库技术基本知识的同时,结合数字图书馆的特征引入数据仓库,对数字图书馆数据仓库逻辑模型设计进行了描述。

本书在撰写过程中,参阅了大量的著作文献,在此表示衷心的感谢!

由于作者水平有限,书中难免会有不当之处,望广大读者指正。

陈庆标
2016年1月

目 录

第1章 数据库技术概述 1
1.1 数据库技术的发展及历史 1
1.1.1 人工管理阶段 2
1.1.2 文件系统阶段 2
1.1.3 数据库系统阶段 4
1.1.4 三代数据库系统的发展 4
1.2 数据模型 7
1.2.1 层次模型 7
1.2.2 网状模型 8
1.2.3 关系模型 9
1.2.4 E-R数据模型 11
1.2.5 面向对象数据模型 16
1.3 数据库系统 22
1.3.1 数据系统的结构 22
1.3.2 数据库系统的组成 24
1.3.3 数据库管理系统 27
1.3.4 数据库语言 29
1.4 数据技术的应用 33
1.4.1 多媒体数据库 33
1.4.2 移动数据库 33
1.4.3 空间数据库 33
1.4.4 信息检索系统 34
1.4.5 分布式信息检索 34
1.4.6 专家决策系统 34
1.5 常用关系型数据库管理系统介绍 34

第2章 结构化查询语言SQL 36
2.1 SQL语言 36
2.2 SQL语法 37
2.2.1 DDL语言 38
2.2.2 DML语言 39

第3章 数据库设计与管理 65
3.1 数据库设计概述 65
3.1.1 数据库设计的特点 65
3.1.2 数据库设计方法 66
3.1.3 数据库设计的基本步骤 67
3.2 需求分析 69
3.2.1 需求分析的任务 69
3.2.2 需求分析的方法 70
3.2.3 数据字典 71
3.3 概念结构设计 73
3.3.1 概念结构设计的特点 73
3.3.2 概念结构设计的方法与步骤 73
3.3.6 数据抽象与局部视图设计 75
3.4 视图的集成 80
3.4.1 多个分E-R图一次集成 80
3.4.2 逐步集成 80
3.5 逻辑结构设计 84
3.5.1 E-R图向关系模型的转换 85
3.5.2 数据模型的优化 87
3.5.3 设计用户子模式 88
3.6 数据库物理设计 89
3.6.1 数据库的物理设计的内容和方法 89
3.6.2 关系模式存取方法选择 90
3.6.3 确定数据库的存储结构 92
3.6.4 评价物理结构 93

3.7 数据库的实施和维护 93
　　3.7.1 数据的载入和应用程序的调式 94
　　3.7.2 数据库的试运行 94
　　3.7.3 数据库的运行和维护 95
3.8 数据库恢复技术 97
　　3.8.1 事务的基本概念 97
　　3.8.2 数据库恢复概述 98
　　3.8.3 数据库故障的类型 99
　　3.8.4 数据库故障恢复的实现技术 101
　　3.8.5 数据库故障恢复策略 103
　　3.8.6 数据库镜像 105
3.9 并发控制 106
　　3.9.1 并发控制概述 106
　　3.9.2 封锁 108
　　3.9.3 活锁和死锁 108
　　3.9.4 并发调度的可串行性 110
　　3.9.5 两段锁协议 111
　　3.9.6 封锁的粒度 111

第4章 Oracle数据库管理系统 113
4.1 Oracle安装 113
4.2 Oracle客户端工具 117
　　4.2.1 SQL*Plus工具 117
　　4.2.2 SQL*Plus命令行工具 118
　　4.2.3 配置本地网络服务名 119
4.3 Oracle服务 122
4.4 Oracle启动和关闭 124
4.5 Oracle用户和权限 124

第5章 Oracle数据库管理系统日常维护 127
5.1 检查数据库基本状况 127

- 5.1.1 检查Oracle实例状态 ... 127
- 5.1.2 检查Oracle服务进程 ... 128
- 5.1.3 检查Oracle监听状态 ... 129
- 5.2 检查系统和Oracle日志文件 ... 130
  - 5.2.1 检查操作系统日志文件 ... 130
  - 5.2.2 检查Oracle日志文件 ... 130
  - 5.2.3 检查Oracle核心转储目录 ... 131
  - 5.2.4 检查Root用户和Oracle用户的E-mail ... 131
- 5.3 检查Oracle对象状态 ... 131
  - 5.3.1 检查Oracle控制文件状态 ... 131
  - 5.3.2 检查Oracle在线日志状态 ... 132
  - 5.3.3 检查Oracle表空间的状态 ... 132
  - 5.3.4 检查Oracle所有数据文件状态 ... 133
  - 5.3.5 检查无效对象 ... 134
  - 5.3.6 检查所有回滚段状态 ... 134
- 5.4 检查Oracle相关资源的使用情况 ... 134
  - 5.4.1 检查Oracle初始化文件中相关参数值 ... 135
  - 5.4.2 检查数据库连接情况 ... 136
  - 5.4.3 检查系统磁盘空间 ... 137
  - 5.4.4 检查表空间使用情况 ... 137
  - 5.4.5 检查一些扩展异常的对象 ... 138
  - 5.4.6 检查System表空间内的内容 ... 138
  - 5.4.7 检查对象的下一扩展与表空间的最大扩展值 ... 138
- 5.5 检查Oracle数据库备份结果 ... 139
  - 5.5.1 检查数据库备份日志信息 ... 139
  - 5.5.2 检查backup卷中文件产生的时间 ... 139
  - 5.5.3 检查Oracle用户的E-mail ... 140
- 5.6 检查Oracle数据库性能 ... 140
  - 5.6.1 检查数据库的等待事件 ... 140
  - 5.6.2 检查死锁及处理 ... 141
  - 5.6.3 检查数据库CPU、I/O、内存性能 ... 142

5.6.4 查看是否有僵尸进程 143
5.6.5 检查行链接/迁移 143
5.6.6 定期做统计分析 144
5.6.7 检查缓冲区命中率 144
5.6.8 检查共享池命中率 145
5.6.9 检查排序区 145
5.6.10 检查日志缓冲区 145
5.7 检查数据库安全性 145
5.7.1 检查系统安全日志信息 146
5.7.2 检查用户修改密码 146
5.8 其他检查 146
5.8.1 检查当前Crontab任务是否正常 147
5.8.2 检查Oracle Job是否有失败 147
5.8.3 监控数据量的增长情况 147
5.8.4 检查失效的索引 148
5.8.5 检查不起作用的约束 148
5.8.6 检查无效的trigger 149
5.9 数据库导入导出 149
5.9.1 EXP导出数据 149
5.9.2 IMP导入 152

第6章 数据库仓库技术在数字图书馆中的应用 153

6.1 数据仓库 153
6.1.1 数据仓库概念的提出 154
6.1.2 数据仓库的发展 156
6.1.3 数据仓库的定义 156
6.1.4 数据仓库的未来发展及其应用 159
6.2 数字图书馆 160
6.2.1 数字图书馆的定义 160
6.2.2 数字图书馆的特征 162
6.2.3 数字图书馆的功能 162

  6.2.4 数字图书馆的研究类型 ··· 163
  6.2.5 数字图书馆的基本结构与组成 ··· 164
  6.2.6 数字图书馆基本原理与技术 ··· 166
6.3 数据仓库技术在数字图书馆中的应用 ·· 166
  6.3.1 数据仓库技术在数字图书馆建设中的可能性和必要性 ·················· 166
  6.3.2 数据仓库技术的应用 ·· 167
6.4 数字图书馆中数据仓库的实现 ··· 175
  6.4.1 数据仓库与业务处理系统的接口设计 ······································· 175
  6.4.2 数据仓库体系结构的建立 ·· 176
  6.4.3 数据仓库数据的初次加载 ·· 176

第1章 数据库技术概述

随着不同应用领域对数据管理的进一步需求,数据库技术的重要性已日益凸显。目前,不仅在大、中、小、微各种机型上都配有数据库管理系统,甚至是因特网上的信息系统也大都离不开数据库的支持。因此,数据库已成为信息社会的重要基础设施。

数据库技术发展到今天已经是一门成熟的技术,但却没有一个被普遍接受的、严格的定义。大致说来,数据库可以定义为以某种方式组织起来,使之可以检索和利用的信息的集合。它的基本特征之一是相互关联的数据的集合,它运用综合的方法组织数据,具有较小的数据冗余,可供多个用户共享,具有较高的数据独立性和安全控制机制,能够保证数据的安全、可靠,允许并发地使用数据库,及时、有效地处理数据,并能保证数据的一致性和完整性。

1.1 数据库技术的发展及历史

数据库技术的萌芽产生于20世纪60年代中期,到20世纪60年代末70年代初,数据库技术已日益成熟,并有了坚实的理论基础。到了70年代,数据库技术有了很大的发展。数据库方法,特别是DBTG(数据库任务组,DataBase TaskGmup)方法(该方法是DBTG所提议的基于网状结构的数据库网状模型方法)和思想已应用于各种计算机系统,出现了许许多多基于网状模型和层次模型的商品化数据库系统。随后关系方法的理论研究和软件系统的研制又取得了很大成果,关系方法也从实验室走向了社会。随着商用系统的运行,特别是关系数据库商用产品的出现,数据库技术被广泛地应用到各个方面,成为实现和优化信息系统的基本技术。

数据管理是数据库的核心任务,内容包括对数据的分类、组织、编码、储存、检索和维护。随着计算机硬件和软件的发展,数据库技术也不断发展。从数据管理的角度看,数据管理到目前共经历了人工管理阶段、文件系统阶段和数据库系统阶段

1.1.1 人工管理阶段

人工管理阶段是指计算机诞生的初期（即20世纪50年代后期之前），这个时期的计算机主要用于科学计算。从硬件看，没有磁盘等直接存取的存储设备；从软件看，没有操作系统和管理数据的软件，数据处理方式是批处理。

这个时期数据管理的特点是：

（1）数据不保存。该时期的计算机主要应用于科学计算，一般不需要将数据长期保存，只是在计算某一课题时将数据输入。用完后不保存原始数据，也不保存计算结果。

（2）没有对数据进行管理的软件系统。程序员不仅要规定数据的逻辑结构，还要在程序中设计物理结构，包括存储结构、存取方法、输入输出方式等。因此程序中存取数据的子程序随着存储的改变而改变，数据与程序不具有一致性。

（3）没有文件的概念。数据的组织方式必须由程序员自行设计。

（4）一组数据对应于一个程序，数据是面向应用的。即使两个程序用到相同的数据，也必须各自定义、各自组织，数据无法共享，无法相互利用和互相参照，从而导致程序和程序之间有大量重复的数据。

人工管理阶段的特点如图1-1所示。

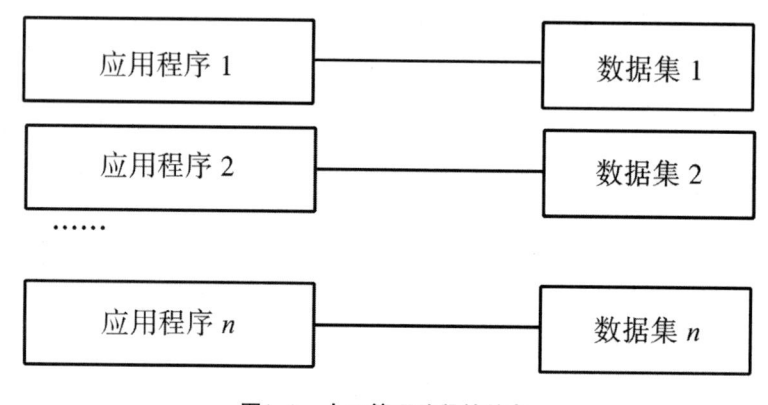

图1-1 人工管理阶段的特点

1.1.2 文件系统阶段

文件系统阶段是指计算机不仅用于科学计算，而且还大量用于管理数据的阶段（从20世纪50年代后期到60年代中期）。在硬件方面，外存储器有了磁盘、磁鼓等直接存取的存储设备。在软件方面，操作系统中已经有了专门用于管理数据的软件，称为文件系统。在处理方式上，不仅有了文件批处理，而且能够联机实时处理。

这个时期数据管理的特点是：

（1）数据需要长期保留在外存上供重复使用。由于计算机大量用于数据处理，经常对文件进行查询、修改、插入和删除等操作，所以数据需要长期保留，以便于反复操作。

（2）程序和数据之间有了一定的独立性。操作系统提供了文件管理功能和访问文件的存取方法，程序和数据之间有了数据存取的接口，程序可以通过文件名和数据打交道，不必再寻找数据的物理存放位置。至此，数据有了物理结构和逻辑结构的区别，仅此时程序和数据之间的独立性尚还不充分。

（3）文件的形式已经多样化。由于已经有了直接存取的存储设备，文件也就不再局限于顺序文件，还有了索引文件、链表文件等。因而，对文件的访问可以是顺序访问，也可以是直接访问。

（4）数据的存取基本上以记录为单位。

文件系统阶段程序和数据之间的关系如图1-2所示。

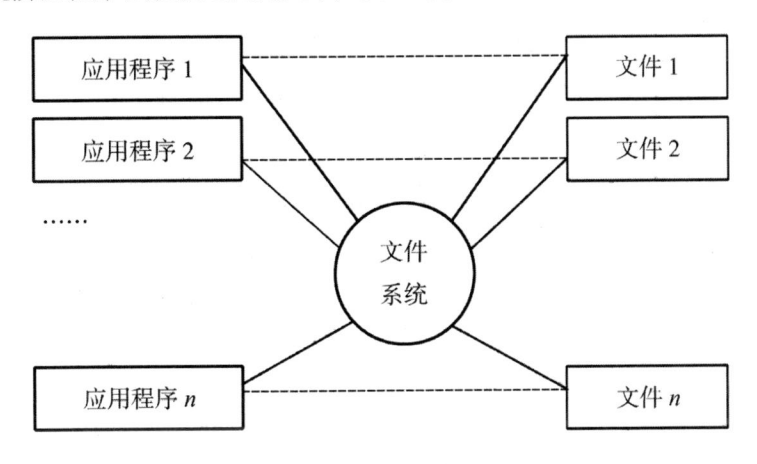

图1-2 文件系统阶段程序和数据之间的关系

由图1-2可以看出，文件系统中的数据和程序虽然具有了一定的独立性，但尚不充分，每个文件仍然对应于一个应用程序，数据还是面向应用的。要想对现有的数据再增加一些新的应用是很困难的，系统不易扩充，一旦数据的逻辑结构改变，必须修改应用程序。并且，各个文件之间是孤立的，不能反映现实世界事物之间的内在联系，各个不同应用程序之间也不能共享相同的数据，从而造成数据冗余度大，并容易产生相同数据的不一致性。

1.1.3 数据库系统阶段

数据库系统阶段是从20世纪60年代后期开始的。在这一阶段中，数据库中的数据不再是面向某个应用或某个程序，而是面向整个企业（组织）或整个应用的。

数据库系统阶段的特点如图1-3所示。

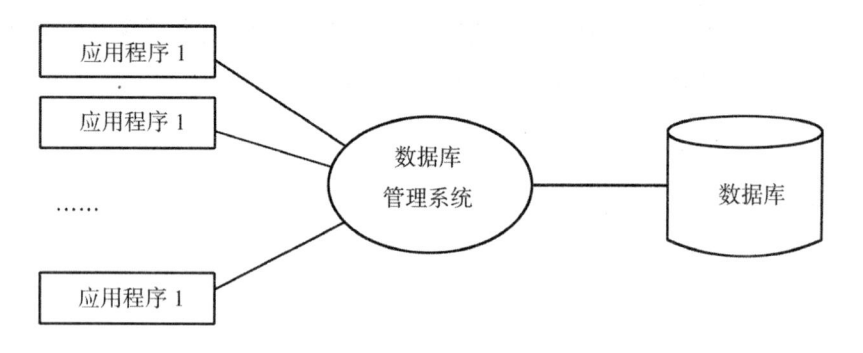

图1-3 数据库系统阶段的特点

由图1-3可以看出，数据库系统解决了人工管理和文件系统的弊端，它把数据的定义和描述从应用程序中分离出去，程序对数据的存取全部由数据库管理系统（DBMS）统一管理，从而保证了数据和程序的运算独立性。这样，数据就可以供各种用户共享且具有最小的冗余度。若建立了一个良好的数据库管理系统软件，就可以为多种程序并发地使用数据库提供及时有效的处理，并保证了数据的安全性和完整性。

1.1.4 三代数据库系统的发展

数据模型是数据库系统的核心。按照数据模型发展的主线，数据库技术的发展可分为以下三个阶段：

1.1.4.1 第一代数据库系统——层次和网状数据库管理系统

层次和网状数据库系统的代表产品是IBM公司在1969年研制出的层次模型数据库管理系统——IMS（Information Management System）。此外，美国数据库系统协商会CODASYL下属的数据库任务组DBTG在20世纪60年代末70年代初也提出了若干报告（称为DBTG报告），确定并建立了数据库系统的许多概念、方法和技术，为数据库系统的发展奠定了基础。因此，可以说，层次数据库是数据库系统的先驱，而网状数据库则是数据库概念、方法、技术的奠基。

1973年，ChDles w. Bcahman正是由于在这一时期数据库技术上的杰出贡献而获得了ACM的最高奖——图灵奖。他最早提出了用数据结构图表示数据之间联系的思想，并在第一个商用DBMS的开发期间进行了网状数据模型的早期研究工作。

1.1.4.2 第二代数据库系统——关系数据库管理系统（RD6MS）

1970年，IBM公司的研究员E. F. Codd在题为《大型共享数据库数据的关系模型》的论文中提出了数据库的关系模型，从而开创了数据库关系方法和关系数据理论的研究，为关系数据库技术奠定了理论基础。

20世纪70年代是关系数据库理论研究和原型开发的时代。其中以IBM开发的System R和Berkeley大学研制的INGERS为典型代表，经过大量的高层次研究和开发，取得了一系列成果，其中主要包括以下几条：

（1）奠定了关系模型的理论基础，给出了人们一致接受的关系模型的规范说明。

（2）研究了关系数据语言，包括关系代数、关系演算、SQL语言、QBE等。这些描述性语言用程序设计语言和网状、层次数据库系统中数据库语言的风格，以其易学易懂的优点最终得到了用户的喜爱，为20世纪80年代数据库语言标准化打下了良好的基础。

（3）研制了大量RBDBMS的原型，攻克了系统实现中查询优化、并发控制、故障恢复等一系列关键技术。这不仅大大丰富了DBMS的实现技术和数据库理论，更重要的是促进了RDBMS产品的蓬勃发展和广泛应用。

至此，关系数据库系统已从实验室走向了社会。到了20世纪80年代，几乎所有新开发的数据库系统都是关系型的。这些商用数据库的运行，特别是微机RDBMS的使用，使数据库技术日益广泛地应用到企业管理、情报检索、辅助决策等各个方面，成为实现和优化信息系统的基本技术。1983年，E. F. codd因对关系数据库的杰出贡献而获得了图灵奖。

真正使得关系数据库技术实用化的关键人物是James Gray。Gray进入数据库领域时，关系数据库的理论已基本成熟，但各大公司在关系数据库管理系统的实现和产品开发中都遇到了一系列技术问题，其中最主要的问题，是在数据库的规模愈来愈大、结构愈来愈复杂以及共享用户愈来愈多的情况下，如何保障数据的完整性、安全性、并发性以及数据库的故障恢复能力。这些问题能否解决，成为数据库产品是否能够实现并最终为用户接受的关键因素。

Gray正是在解决这些重大技术问题上发挥了关键作用，《事务处理技术》是对他的开创性工作的总结。1998年，James Gray成为第三位因推动数据库技术发展作出重大贡献而获图灵奖的学者。

1.1.4.3 新一代数据库技术的研究和发展

数据库技术的发展和大多数领域技术的发展一样,是应用驱动和技术驱动相结合的。为了建立适合应用的数据库系统,数据库研究人员进行了艰苦的探索,从多方面发展了现行的数据库系统技术。我们可以从数据模型、新技术内容、应用领域三个方面概括新一代数据库系统的发展。

(1)面向对象的方法和技术对数据库发展的影响最为深远。20世纪80年代,面向对象的方法和技术的出现,对计算机各个领域,包括程序设计语言、软件工程、信息系统设计以及计算机硬件设备等都产生了深远的影响,为数据库技术带来了新的机遇和希望。数据库研究人员借鉴和吸收了面向对象的方法和技术,提出了面向对象的数据模型(简称对象模型)。该模型克服了传统数据模型的局限性,为新一代数据库系统的探索带来了希望,促进了数据库技术在一个新的技术基础上继续发展。

但是面向对象的数据库系统(OODB)必须解决商业模式的问题,建立一个健壮的、商用的、面向对象的数据库应用系统开销太大,而且OODB必须能够在现有的关系型数据库中直接使用而不是花很多力量去转换,因此目前市场还不能承受。当前有许多研究是建立在数据库已有的成果和技术上的,针对不同的应用,对传统的DBMS,主要是RBDBMS进行不同层次上的扩充,例如,建立对象关系(OR)模型和建立ORDB(对象关系数据库)。

(2)数据库技术与多学科技术的有机结合。数据库技术与多学科技术的有机结合是当前数据库发展的重要特征。计算机领域中其他新兴技术的发展对数据库技术产生了重大影响。传统的数据库技术和其他计算机技术的结合、互相渗透,使数据库中新的技术内容层出不穷。数据库的许多概念、技术内容、应用领域,甚至某些原理都有了重大的发展和变化,建立和实现了一系列新型的数据库,如分布式数据库、并行数据库、演绎数据库、知识库、多媒体库、移动数据库等,它们共同构成了数据库大家族。

(3)面向专门应用领域的数据库技术的研究。为了适应数据库应用多元化的要求,在传统数据库基础上,结合各个专门应用领域的特点,研究适合该应用领域的数据库技术,如工程数据库、统计数据库、科学数据库、空间数据库、地理数据库、web数据库等,这是当前数据库技术发展的又一重要特征。

同时,数据库系统结构也由主机/终端的集中式结构发展到网络环境的分布式结构,随后又发展成两层、三层或多层客户/服务器结构,以及Internet环境下的浏览器/服务器和移动环境下的动态结构。多种数据库结构满足了不同应用的需求,适应了不同的应用环境。

1.2 数据模型

现实世界中的事物是彼此关联的,任何一个实体都不是孤立存在的,因此描述实体的数据也是相互联系的。通常,这种联系表现在两个方面:一个方面是反映实体内部的联系,反映在数据上便是记录内部各数据项之间的联系;另一方面,是实体之间的联系,反映在数据上则是记录实体之间的联系,这种联系在数据模型中给予描述。

数据系统的一个核心问题,就是研究如何表示和处理实体之间的联系。而我们把表示实体及其实体之间联系的数据库的数据结构称为数据模型。换句话说,我们把数据库系统所包含的所有记录类型,按照它们之间的联系组合在一起,构成一个整体。这个整体结构就称之为数据库的数据模型,它是数据库中数据全局逻辑结构的描述。

数据模型是数据库中一个关键的观念,它是实体间联系的一个轮廓视图。整个模型就像一个框架,给它填上具体的数据值就是数据模型的一个实例。

通常,数据模型可以表示成由这样两个集合组成:

$$数据模型 DM = (R, L)$$

其中,R 表示记录型的集合,L 表示记录型之间联系的集合。

如果按照记录型之间联系的表示公式,对数据模型加以分类的话,那么数据模型可以大致分成下列三种:层次模型、网状模型、关系模型。前两种又称为格式化数据模型。

数据模型的好坏,直接影响数据库的性能。数据模型的选择,是设计数据库的一项首要任务。

1.2.1 层次模型

在数据库中,把可以用图(这里用有向图)来表示的数据模型称为格式化数据模型。而格式化数据模型又按照图的特点分为层次模型和网状模型两种。

这两种模型都是以记录型作为图中的结点,而图中的边则用来表示记录型之间的联系。

层次模型是以记录型为结点的有向树。在树中,把无双亲间记录称为根记录,其他记录称为从属记录。除根记录外,任何记录只有一个父记录。一个父记录可以有多个子记录。从根记录开始,一直到最底下一层的记录为止,所具有的层次称为该数据模型的层次,图1-4就是一个层次模型的例子。

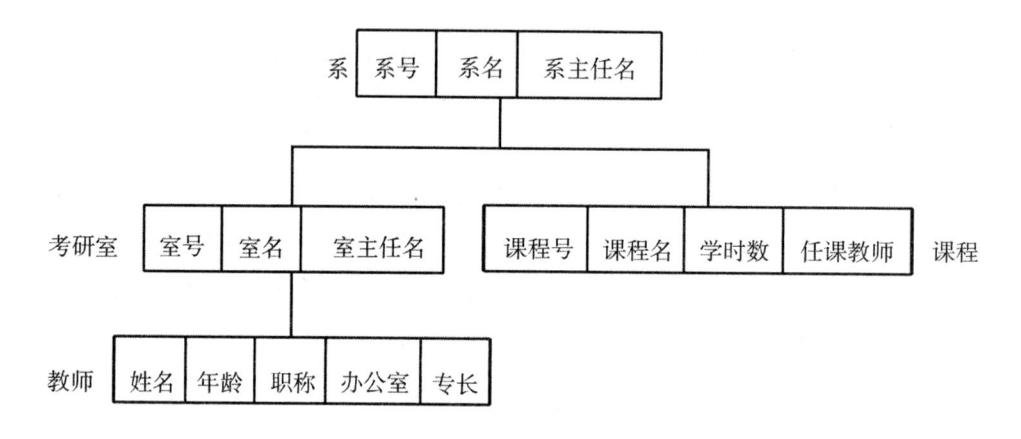

图1-4 层次模型

在层次模型中,每个记录(除根记录外)只有一个双亲,记录之间的联系可以唯一地用双亲表示。在层次模型中,总是从双亲记录指向子女记录。所以说,记录之间的联系可以不用命名,只要指出其双亲,就可以找到其子女。在层次模型中,从根记录开始,按照双亲—子女联系,依次连接的记录序列称为层次路径。在层次模型中,数据是按层次路径存取的。

在目前流行的大型数据库系统中,有许多采用的是层次模型,其中最著名的是IBM公司研制的IMS系统。该系统之所以应用较广,除了它问世较早外,还由于IBM公司具有强大的竞争能力。除了IMS系统之外,还有许多采用层次模型的系统,如系统SYSTEM2000就是其中的一个。

1.2.2 网状模型

数据库的网状模型,是以记录型为结点的网状结构。这种结构必须满足如下条件:
(1)可以有一个以上的结点,无双亲。
(2)至少有一个结点,有多于一个的双亲。
如图1-5所示是一个网状模型。

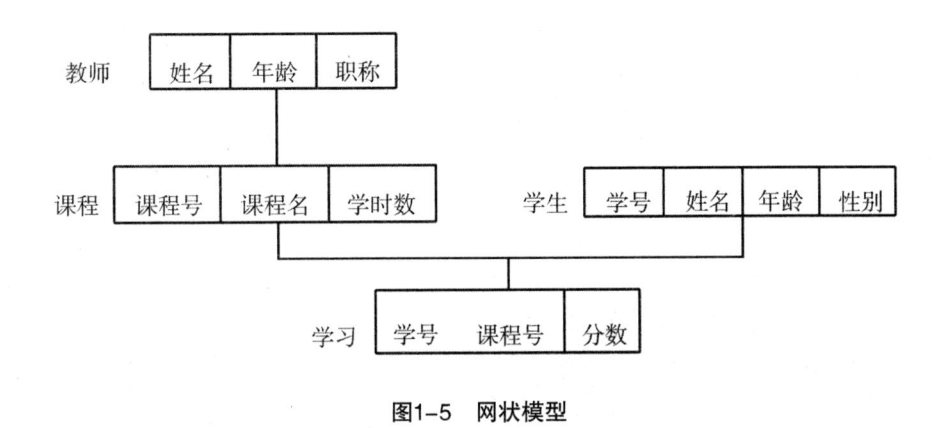

```
教师   姓名 年龄 职称

课程   课程号 课程名 学时数      学生   学号 姓名 年龄 性别

              学习   学号 课程号 分数
```

图1-5 网状模型

采用网状模型的数据库系统，大多依据DBTG的文本。DBTG文本是在1968年1月第一次推出的，目前已在许多机器上加以实现。几乎除了IBM公司以外，其他大厂商生产的中型以上的计算机系统都配有网状模型的数据库系统。例如Cullinane公司的IDMS系统，就是DBTG报告的一个实现。

1.2.3 关系模型

层次模型和网状模型的数据库系统被开发出来之后，在继续开发新型数据库系统的工作中，人们发现层次模型和网状模型缺乏充实的理论基础，难以开展深入的理论研究。于是人们就开始寻求具有较充实理论基础的数据模型。在这个基调下，IBM公司的E·F·codd从1970—1974年相继发表了系列有关关系模型的论文，从而奠定了关系数据库的设计基础。

人们常常习惯于用表格的形式，表示所关心的现实世界中的信息。例如，表1-1就是一个大学系情况表。从这个表中，各系的主要信息一目了然。我们将这样一张表，称为一个关系。表中的每一列为关系中的一个属性（数据项），表中的每一行为关系中的一个元组（记录）。实际上一个关系就相当于一个记录型，而这个关系的全体元组，就是这个记录的所有值。

表1-1 系情况表

系号	系名	系主任	专业数
1	电机	丁一	2
2	电材	王二	3
3	机械机	张三	2
4	自动化	李四	2
5	仪表	刘五	2
6	计算机	赵六	2
7	管理	孙七	1

用表格数据来表示实体和实体间联系的模型，叫关系模型。

在层次模型和网状模型中，文件中存放的是数据，各文件之间的联系是通过指针来实现的。而在关系模型中，不存在指针，描述各个实体之间联系的信息也隐含在关系中。所以在关系中应存放两类数据：实体本身的数据与实体间的联系。

下面举例说明关系模型。设表1-1中的各关系和表1-2中的关系，一起构成了大学的教务数据库。

表1-2 学院教务数据库

教师情况表

职工号	姓名	年龄	系号	职称	工资
…	…	…	…	…	…
0613	张三	45	3	讲师	27
…	…	…	…	…	…
0895	李四	50	4	副教授	131
…	…	…	…	…	…
1234	王林	25	6	助教	70

学生情况表

学号	姓名	年龄	系号	班级
80101	赵文	203	机械86	
80100	张生	196	计算机87	
80001	刘芳	211	电机85-2	2
…	…	…	…	…

学生学习情况表

学号	课程号	分数
80101	J101	90
80100	J212	85
80001	J10190	…
80101	J211	90
…		

教师任课情况表

职工号	课程号	班级
…	…	…
0613	J101	机械85
	J212	
1234	J212	计算机86

课程情况表

课程号	课程名	课时
J101	高等数学	144
J201	专业英语	54
	程序设计	72
…	…	…

这些关系组合在一起，构成了一个数据库。这些关系不是孤立的，而是互相有联系的（即隐含着实体之间的联系）。各个关系建立联系的方法，通常包括以下两种：

第一，两个关系通过定义相同的属性名，反映它们之间的联系。

第二，定义第三个关系，把两个关系建立起联系。

例如，关系"教师任课情况表"中的属性职工号，取自关系"教师情况表"；而属性课程号，取自关系"课程情况表"；而通过"教师任课表"这个关系，就使得关系"教师情况表"和关系"课程情况表"建立起了联系。所以关系"教师任课情况表"，就相当于在两个关系中架起了一座桥梁。

由此可见，关系模型在本质上是不同于层次模型和网状模型的。其本质的差异就在于：关系模型是通过关系中的数据而不是通过指针连接来表示两实体间的联系的。

关系是元组的集合。如果表格有 n 列，则称该关系为 n 元关系。关系模型中的关系应有如下特点：

（1）关系中的每一列属性，都是不能再分的基本字段。

（2）各列被指定一个相异的名字。

（3）各行相异，不允许重复。

（4）行、列次序无关紧要。

关系模型与层次、网状模型相比，具有许多优点。C·J·DATE 说过这样一段话：关系方法可以看做是数据库理论的起点，它提供了理解和比较其他两种方法的极好基础和评价任何现有系统更方便的标准或尺度。即使关系方法没有别的任何优点，仅仅是理论上的正确性和永久性，也较之成为数学上的理想工具。

1.2.4 E-R 数据模型

1.2.4.1 基本概念

E-R 数据模型（Entity-Relationship data model），即实体联系数据模型，于1976年由 P.Chen 提出。当时层次模型、网状模型和关系模型三种传统数据模型都已提出，并获得应用。但是对它们的优点还有不同的看法和争论。当初提出 E-R 数据模型的目的有以下几点：

（1）企图建立一个统一的数据模型，以概括三种传统数据模型。

（2）作为三种传统数据模型互相转换的中间模型。

（3）作为超脱 DBMS 的一种概念数据模型，以比较自然的方式模拟现实世界。

这三个目的都已在不同的程度上达到,甚至还出现过E-R数据模型的DBMS。但E-R数据模型用得最成功和最广泛的是作为数据库概念设计的数据模型。E-R数据模型提出后,历经不少的修改和补充。

E-R数据模型不同于传统数据模型,它不是面向实现,而是面向现实世界。设计这种模型的出发点是有效和自然地模拟现实世界,而不是首先考虑它在机器中如何实现。现实世界是千变万化的。显然,一种数据模型不可能也没必要把这些千变万化都一一反映进去。数据模型只应包含那些对描述现实世界有普遍意义的抽象概念。在数据模型中,抽象是必需的,模型就是抽象的产物,下面介绍E-R数据模型的三个抽象概念。

1.2.4.1.1 实体(Entity)

数据是用来描述现实世界的,而描述的对象是形形色色的,有具体的,也有抽象的,有物理上存在的,也有概念性的,例如,王彤、飞机、春游、鬼、神、梦、兴趣、灵感等。这些对象的共同特征是可以互相区别,否则它们就会被认为是同一对象。凡是可以互相区别而且可以被人们识别的事、物、概念等统统抽象为实体。在一个单位中,具有共性的一类实体可以划分为一个实体集(entity set)。例如,学生小王、小李、……,都是实体,但是他们都是学生。为了便于描述,可以定义"学生"这样一个实体集,所有学生都是这集合的成员。每个学生需要描述的内容是一样的,例如,姓名、学号、性别、……,但美国学生在这些描述项目上所取的值不一定一样。因此,在E-R数据模型中,也有型与值之分:实体集作为型来定义,而每个实体是它的实例或值。

1.2.4.1.2 属性(attribute)

实体一般具有若干特征,称之为实体的属性,例如,学生具有姓名、学号等属性,每个属性都有其取值的范围,在E-R数据模型中称为值集(vaLue set)。值集实际上相当于前面所述的域。在同一实体集中,每个实体的属性及其域是相同的,但可能取不同的值。

在E-R数据模型中,属性可以是单域的简单属性,也可以是多域的组合属性。组合属性由简单属性和其他组合属性组成。组合属性中允许包含其他组合属性,这意味着组合属性可以是一个层次结构。

在E-R数据模型中,属性可以是单值的,也可以是多值的,例如,一个人所获的学位可能是多值的。当某个属性对某个实体不适用或属性值未知时,也可用空缺符NULL。

能唯一标识实体的属性或属性组(这组属性的任何真子集无此性质)称为实体集的实体键。如果一个实体集有多个实体键存在,则可从中选一个最常用到的作为实体主关键字。

比起传统数据模型,E-R数据模型对属性的限制较少,这有利于比较自然地模拟现实世界。

1.2.4.1.3 联系（relationshop）

实体之间会有各种关系，例如，学生实体和课程实体之间会有选课关系，人与人之间可能有领导关系、夫妻关系等。这种实体与实体间的关系抽象为联系。例如，在夫妻联系中，两个实体都来自"人"这个实体集，参与联系的每个实体在联系中起不同的作用，一个人的作用为夫，另一个人的作用为妻。"夫"和"妻"就是实体参与联系时所起的作用。如果在联系中注明实体在联系中的作用，则明显地丰富了联系的语义。

与传统的数据模型相比，E-R数据模型在实体的联系方面提供了较多的语义：在二元联系中，E-R数据模型把联系区分为一对一（1:1）、一对多（1:N）和多对多（M:N）三种，并在模型中明确地给出这些语义。

在有些E-R数据模型中，还可以进一步给出实体参与联系的最小和最大次数，这称为实体的参与度。例如，在选课联系中，如果按规定每位学生最少应选三门课，最多只能选六门课，则学生在选课联系中的参与度可表示为（3, 6）；又如在各门课程中，有些课程可以无人选，但任何一门课程最多只允许100人选，则课程在选课联系中的参与度为（0, 100），参与度的一般形式可表示为（min, max），式中，$0 \leq min \leq max$，$max \geq 1$。

如果min=0，则意味着实体集中的实体不一定每个都参与联系，实体的这种参与联系的方式称为部分参。如果min>0，则意味着实体集中的每个实体都必须参与联系，否则就不能作为一个成员在实体集中存在，实体的这种参与联系的方式称为全参与。实体参与联系的方式也是重要的语义约束，称为参与约束。

不但实体可以有属性，联系也可以有属性，例如，选课这种联系可以有成绩、选修时间等属性。现实世界中还有一种特殊的联系，这种联系代表实体间的所有关系，例如，职工与家属的联系就是属于这种联系，家属总是属于某一职工的。这种联系有下面两大特点：

（1）为其他实体所有的实体不能独立存在，它总是依附于某一所有者实体。因此，为其他实体所有的实体必须是全参与，不允许部分参与。

（2）为其他实体所有的实体不一定有自己的实体键。例如，家属实体集可能有姓名、性别、出生日期、与职工的关系等属性，但这些属性不足以识别一个家属，因为家属可能同名，其他属性相间的可能性更大，必须把职工的实体键（例如职工号）和家属名（同一职工的家属一般不可能同名）组合起来才能识别一个家属。由于为其他实体所有的实体具有上述两个特点，这类实体称为弱实体。弱实体实际上可以不当做实体，而可当做所有者实体的一个多值的组合属性。例如，在职工实体中可以增加家属这一属性。这个属性由姓名、性别、出生日期、与职工的关系等属性组成，而且可以是多值的。究竟是把弱实体当做属性，还是把实体当做属性，由数据库设计者选择。

1.2.4.2 E-R图

用E-R数据模型对一个单位的模拟，称为一个单位的E-R数据模式。E-R数据模式可以用非常直观的E-R图表示，这也许是E-R数据模型广为流行的重要原因之一。E-R图中包括实体、属性、联系三种基本图素，约定实体用方框表示，属性用扁圆框表示，联系用菱形框表示，如图1-6所示，在其内部填入实体名、属性名、联系名。

图1-6 E-R图的基本图素

具体画法：把有联系的实体（方框）通过联系（菱形框）连接起来，注明联系方式，实体的属性（扁圆框）连到相应实体上。图1-7分别表示了两个实体间的三种不同的联系方式。

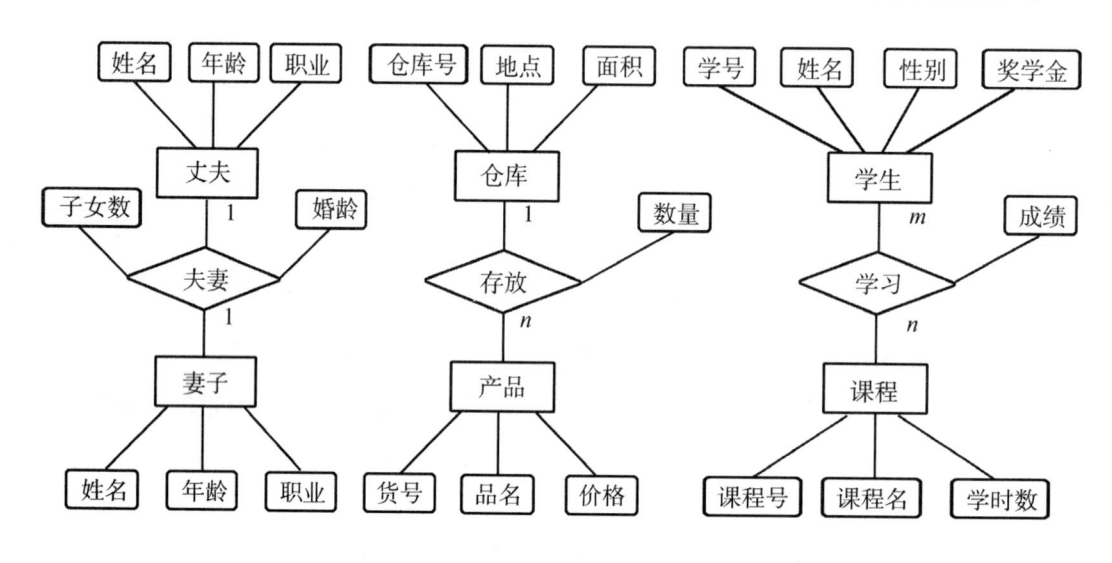

（a）丈夫与妻子1∶1联系　　（b）仓库与产品1∶n联系　　（c）学生与课程m∶n联系

图1-7 E-R图画法

注意，实体有属性，联系也可能有属性，例如，学生与课程联系上的"成绩"，它既不是实体"学生"的属性，也不是实体"课程"的属性，它是联系"学习"的属性。有时为了使E-R图简洁明了，在图中可以省略属性，着重反映实体间的联系情况，而属性则另外以表格的形式单独列出来。图1-8所表示的E-R图均省略了属性内容。

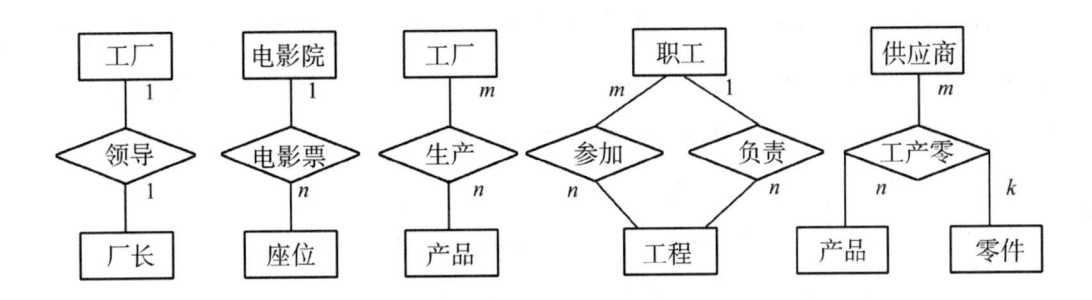

(a) 两个实体间的联系　　　(b) 两实体间的两种联系　　　(c) 多个实体间的多元联系

图1-8　基本联系方式

由于E-R图直观易懂，在概念上表示了一个数据库的信息组织情况，所以若能画出E-R图，就意味着彻底搞清了问题，此后可以根据E-R图，结合具体DBMS的类型，把它演变为DBMS所能支持的数据模型。这种逐步推进的方法如今已经普遍用于数据库设计中，成为数据库设计中的一个重要步骤。

现实世界的复杂性，导致实体联系的复杂性。表现在E-R图上可归结为图1-8和图1-9所示的几种基本形式：

两实体间的二元联系，如图1-8（a）所示，有三种联系方式。

（2）两实体间有两种以上不同的联系，如图1-8（b）所示。

（3）两个以上实体间的多元联系，如图1-8（c）所示。

（4）同一实体内部个体间的二元联系，如图1-9所示。

图1-9　实体内部个体间的二元联系

具体设计E-R图时应遵循以下原则：

（1）首先针对特定用户的应用，确定实体、属性和实体间的联系，做出反映该用户视图的局部E-R图。

（2）综合各个用户的局部E-R图，产生反映数据库整体概念的总体E-R图。在综合时，出现于不同E-R图中的同名实体，只能在总体E-R图中出现一次，以便消除冗余。要消除那些同名异义或同义异名的现象，以保持数据一致性。

在综合局部E-R图时，要注意消除那些冗余的联系，冗余信息会影响数据的完整性，使维护工作变得复杂化。但有时也要折中考虑，因为有时必要的冗余对提高数据处理效率有利。另外，在综合时也可以在总体E-R图中增加新的联系。

经过综合后生成的总体E-R图，必须满足：

（1）能准确地反映原来的局部E-R图，包括属性、实体及相互联系。

（2）整体概念一致性，不能存在相互矛盾的表达。

应该指出，一个系统的E-R图不是唯一的，强调不同侧面和不同联系，做出的E-R图可能有很大的差别。

E-R数据模型提供了实体、属性和联系三个抽象概念。这三个概念简单明了，直观易懂，用以模拟现实世界比较自然。E-R数据模式可以很方便地转换成相应的关系、层次和网状数据模式。用E-R图表示数据模式时，人们所关心的仅仅是有哪些数据，它们间的关系如何，而不必关心这些数据在计算机内如何表示和用的是什么DBMS。

E-R图目前已广泛地用于数据库的概念设计。通过E-R图，计算机专业人员与非计算机专业人员可以进行交流和合作，以真实、合理地模拟一个单位，作为进一步设计数据库的基础。

实体、属性和联系三个概念是有明确区分的，但是对于某个具体数据对象，究竟看成是实体，还是属性或联系，则是相对的，这或多或少决定于应用背景和用户的观点甚至偏爱。事实上，实体这个概念是无所不包的，属性和联系都可以看成是实体。在E-R数据模型诞生之前，早在1973年，M. E.Senko等人曾提出实体集模型（the entityse model），就是把所有数据单元都看成实体。把数据区分为实体、属性和联系，不过是更便于人们的理解而已。

1.2.5 面向对象数据模型

计算机应用对数据模型的要求是多种多样的，而且是层出不穷的。与其根据不同的新需求，提出各种新的数据模型，还不如设计一种可扩充的数据模型，由用户根据需要定义新的数据类型及相应的约束和操作。面向对象数据模型（object-oriented datamodel，简称O-O data model）就是一种可扩充的数据模型。面向对象数据模型提出于20世纪70年代末，80年代初，它吸收了语义数据模型和知识表示模型的一些基本概念，同时又借鉴了面向对象程序设计语言和抽象数据类型的一些思想。面向对象数据模型不是一开始就有明确的定义，而是在发展中逐步形成的。直到1991年，美国国家标准协会（ANSI）的一个面向对象数据库工作组（Object-Oriented Database Task Group简称OODBTG）才提出了第一个有关OODB标准化的报告。下面介绍面向对象数据模型的一些基本概念。

1.2.5.1 对象

在面向对象数据模型中，所有现实世界中的实体都以模拟为对象，小至一个整数、字符串，大至一架飞机、一个公司，都可以看成是对象。一个对象包含有若干属性，用以描述对象的状态、组成和特性。属性也是对象，它又可能包含其他对象作为其属性。这种递归引用对象的过程可以继续下去，从而组成各种复杂的对象，而且同一个对象可以被多个对象所引用。由对象组成对象的过程称为聚集。对十整数、字符串这类简单的对象，它的值本身就是其状态的完全描述，其操作在一般计算机系统中都有明确的定义。因此，在多数O-ODBMS中，为了减少开销，都不把这些简单对象当做对象，而是当做值。

除了属性外，对象还包含若干方法，用以描述对象的行为特性。方法又称为操作，它可以改变对象的状态，对对象进行各种数据库操作。方法的定义包含两个部分：一是方法的接口，说明方法的名称、参数和结果的类型，一般称之为调用说明；二是方法的实现部分，它是用程序设计语言编写的一个过程，以实现方法的功能。

对象中还附有完整性约束检查的规则和程序。对象是封装的，外界与对象的通信一般只能借助于消息。消息传送给对象，调用对象的相应方法，进行相应的操作，再以消息形式返回操作的结果。外界只能通过消息请求对象完成一定的操作，是O-O数据模型的主要特征之一。封装带来两个好处：一是把方法的调用接口与方法的实现（即过程）分开，过程及其所用数据结构的修改，可以不致影响接口，因而有利于数据的独立性；二是对象封装以后，成为一个自含的信息单元。对象只接受对象中所定义的操作，其他程序不能直接访问对象的属性，从而可以避免许多不希望的副作用，这有利于提高程序的可靠性。对象封装以后，也有不利的一面：首先，查询属性值需通过方法，不能像关系数据库那样方便地进行联想查询（即按数据的内容进行查询）；其次，对象的操作限制在事先定义的范围，不够灵活。因此，在实现O-ODBMS时，有时不得不在封装原则上有所妥协。

1.2.5.2 类和实例

一个数据库一般包含大量的对象。如果每个对象都附有属性和方法的说明，则会有大量的重复。为了解决这个问题，同时也为了概念上的清晰，常常把类似的对象归并为类。类中的每个对象称为实例。同一类的对象具有共同的属性和方法，这些属性和方法可以在类中统一说明，而不必在类的每个实例中重复。消息传送到对象后，可以在其所属的类中找到相应的方法和属性的说明。同一类中的对象的属性虽然是一样的，但这些属性所取得值会因各个实例而不同，因此属性又称为实例变量。有些变量的值在全类中是共同的，这些变量称为类变量。例如，在某类桌子中桌腿数都是4，桌腿数就是类变量；又如有些属性规定有缺省值，当在实例中没有给出该属性值时，就取其缺省值，缺省值在全类中是公共的，因而也是类变量。类变量没有必要在各个实例中重复，可以在类中统一给出它的值。在一个类中，可以有各式各样的统计值，例如，某属性的最大值、最小值、平均值等。这些统计值不是属于某个实例，而是属于类，也是类变量。以下列出的是如何表示类和它的一个实例：

class name: box（方框）

superclass: geometri-figure（几何图形）

instance bariables:

upper-left x1: integer（方框的左上顶点的横坐标）

upper-left y1: integer（方框的左上顶点的纵坐标）

lower-right x2: integer（方框的右下顶点横坐标）

lower-right y2: integer（方框的右下顶点纵坐标）

class variables:

max box area: integer（最大方框面积）

min box area: integer（最小方框面积）

methods:

create(x1, y1, x2, y2)（生成一方框）

display(box instance)（显示一方框）

delete(box instance)（删除一方框）

area(box instance)（计算一方框面积）

max area( )（求最大方框面积）

min area( )（求最小方框面积）

这个例子是为了说明用的，不是按某个系统的规定写的。supercalss是指超类，将在下面介绍。

将类的定义和实例分开，有利于组织有效的访问机制。一个类的实例可以簇集存放。每个类设有一个实例化机制，实例化机制提供有效的访问实例的路径，例如索引。消息送到实例化机制后，通过其存取路径找到所需的实例，通过类的定义查到属性及方法的说明，以实现方法的功能。

在有些面向对象数据模型中，不但把实例看成是对象，而且类本身也被看成是对象。类既然是对象，它们也可以组成类。这个由类组成的类叫元类（metaclass），元类的实例是类。

18

为了区别于一般的对象,我们分别称它为实例对象(instance object)和类对象(class object)。如前所述,消息的接受者应是对象。在大多数情况下,消息总是送给某一实例对象。但是,如果要生成一个实例对象,这个消息送给谁呢?因为要生成的对象还未产生,那只能送给该实例对象的类。如果要建立一个类,这个消息又送给谁呢?那只能送给元类。而元类可以在数据库初始化时建立。元类与关系DBMS中的数据目录相当。把类看成是对象,而不是把它看成是区别于对象的特殊物,有利于统一处理消息的传送。

1.2.5.3 类层次结构和继承

类的子集也可以定义为类,称为这个类的子类(subclass),而该类称为子类的超类(superclass)。子类还可以再分为子类,如此形成一个层次结构。以上是一个类层次结构的例子,一个子类可以有多个超类,有直接的,也有间接的。上述类之间的关系,用自然语言可以表达为"研究生是个学生","学生是个人",因此这种关系也称为IS-A联系,或称为类属联系。从概念上说,自下而上是一个普遍化、抽象化的过程,这个过程叫普遍化。反之,由上而下是一个特殊化、具体化的过程,这个过程就叫特殊化。这个概念与E-R数据模型中介绍的是一致的。

一个对象既属于它的类,也属于它的所有超类。为了在概念上区分起见,在O-O数据模型中,对象与类之间的关系常用不同的名词。对象只能是它所属类中最特殊化的那个子类的实例,但可以是它的所有超类的成员。例如,在图1-10中,一名全日制研究生是研究生这个子类的实例,是学生、人这两个类的成员。因此,一个对象只能是一个类的实例,但可以成为多个类的成员。

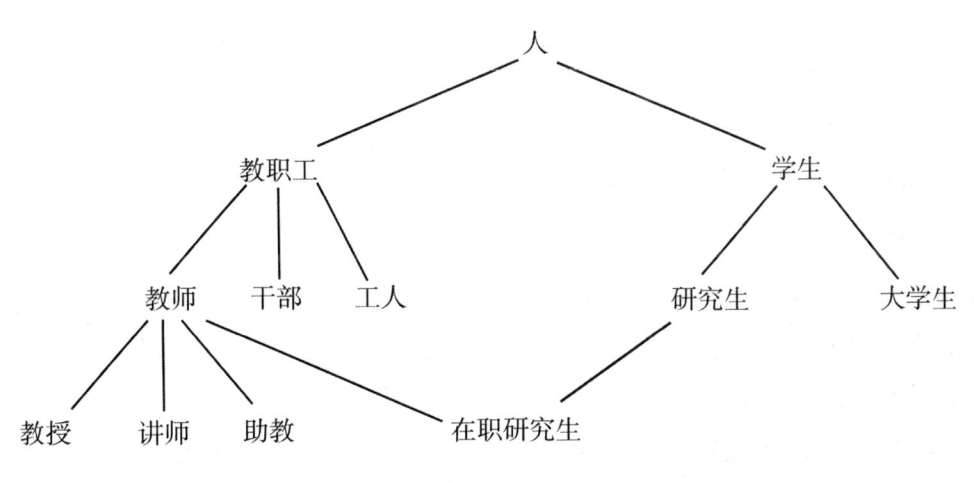

图1-10 类层次结构

一个类可以有多个直接超类,例如,在职研究生这个子类有两个直接超类,即教师和研究生,如图1-10中虚线所示。这表示一名在职研究生是在职研究生这个子类的实例,同时又是教师和研究生这两个类的成员。由于允许一个类可以有多个超类,类结构不再是一棵树。若把超类与子类的关系看成是一个偏序关系,则由具有多个直接超类的子类及其所有超类所组成的子图是代数中的格。在有些文献中,又称类层次结构为类格。例如,在职研究生这个子类与其所有超类所组成的子图如1-11所示,它是一个格结构。而图1-10的类层次结构并不是一个格结构,而是一个有根无圈连接的有向图。

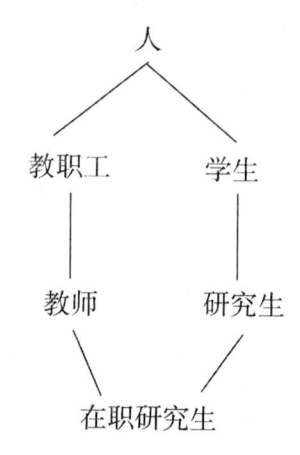

图1-11 由在职研究生子类及其超类所组成的子图

子类可以继承所有超类中的属性和方法,这可免去许多重复定义。在类中集中定义属性和方法,子类继承超类中的属性和方法,这是O-O数据模型中两个复用信息的机制。但是,如果子类限于继承超类中的属性和方法,则有失定义子类的意义。子类除继承超类中的属性和方法外,还可用增加和取代的方法,定义子类中的特殊属性和方法,所谓增加就是定义新的属性和方法,所谓取代就是重新定义超类的属性和方法。如果子类有多个直接超类,则子类要从多个直接超类继承属性和方法,这叫多继承。在继承时,可能发生同名冲突问题,一种冲突发生在超类之间,另一种冲突发生在子类和超类之间。一般按下列规则解决冲突的问题:

(1)超类之间的冲突。如果在一个子类的几个直接超类中,有同名的属性和方法,这时子类究竟继承谁?解决这种同名冲突的方法,一般是在子类中规定超类的优先次序,例如,以superclas子类中超类出现的先后为序,首先继承优先级最高的那个超类。在有些O-O数据模型中,由用户指定继承其中某一个超类。

(2)子类和超类之间的冲突。如果子类与其超类发生同名冲突,是继承超类的,还是继承子类自己定义的?几乎在所有O-O数据模型中,在此情况下,都以子类定义的为准,也就是子类的定义取代其超类中的同名定义。

由于同样的方法名在不同的类中可能代表不同的含义,同样一个消息送到不同对象中,可能执行不同的过程,也就是消息的含义依赖于其执行环境。例如,在"图"这个类中,可以定义一个display方法,但不同的图需要不同的显示过程。只有当消息送到具体对象时,才能确定采用何种显示过程。这种一名多义的做法叫多态。在此情况下,同一方法代表不同的功能,也就是一名多用,这叫超载。消息中的方法名,在应用程序编译时还不能确定它所代表的过程,只有在执行时,当消息发送到具体对象后,方法名和方法的过程才能结合。这种"名"和"义"的推迟结合叫滞后连编。

1.2.5.4 对象的标识

在O-O数据模型中,每个对象都有一个在系统内部唯一的和不变的标识符,称为对象标识符(object identifier,简称OID)。OID一般由系统产生,用户不得修改。两个对象即使属性值和方法都一样,若OID不同,则仍被认为是两个相等而不同的对象。相等与同一是两个不同的概念,例如在逻辑图中,一种型号的芯片可以用在多个地方,这些芯片是相等的,但不是同一个芯片,它们仍被视为不同的对象。在这一点上,O-O数据模型与关系数据模型不同。在关系数据模型中,如果两个元祖的属性值完全相同,则被认为是同一元组;而在O-O数据模型中,对象的标识符是区别对象的唯一标志,而与对象的属性值无关。前者称为按值识别,后者称为按标识符识别。在不同的DBMS有不同的方法,一般分为以下两种:

(1)逻辑对象标识符。逻辑对象标识符不依赖于对象的存储位置。例如在Orin O-ODBMS中,对象标识符的形式为类标识符、实例标识符。对象标识符的第一部分标识对象所属的类,第二部分标识类中的对象。当消息送到一个对象时,系统可以根据类标识符找到对象所属的类,进行消息的合法性检查,取出方法所对应的过程。从这点看,在对象标识符中加类标识符是有利的。但这种方法也有缺点,当对象从一个类转到另一类或类重新定义时,要修改对象标识符;由于对象标识符的修改,还会引起其他连锁的修改,一般是不允许的。

在Iris O-ODBMS中,对象标识符中不含有类标识符,但每个对象中存有类标识符。当消息送到对象时,首先取出该对象,找出所属类的标识符,然后才能找到类,进行消息的合法性检查和取出方法所对应的过程。如果消息是非法的,则取对象的操作将是浪费的。

由于逻辑对象标识符不含对象的地址,在访问对象时,系统需将对象标识符映射成对象的地址,增加系统的开销。

(2)物理对象标识符。物理对象标识符依赖于对象的位置,或直接含有对象的地址。按照物理对象标识符,可以很快地找到对象,这是其优点。O-ODBMS就采用这种标识符。当对象迁移时，需在原地址留下对象的新迁地址，以便将关于此对象的消息转到新的地址。物理对象标识符也有缺点，当复制一个对象到其他存储位置进行处理时，不能再用原来的对象标识符访问复制对象，需把复制对象定义为一个临时对象，给予另一对象标识符，这在管理上带来一定的麻烦。

逻辑对象标识符和物理对象标识符各有优缺点，都有系统在使用。也有些系统基本上采用逻辑对象标识符，但在标识符中加了少许有关对象物理位置的信息。例如，在Orin分布式版本中，在对象标识符中加了创建该对象的结点的标识符。当对象迁出创建结点后，在创建结点留有它迁往结点的信息，可以将有关此对象的消息转到该结点。

面向对象数据模型应用O-ODBMS的数据模式，由于其语义丰富，表达比较自然，也适合作为数据库概念设计的数据模型。随着面向对象程序设计的广泛应用和数据库新应用的不断涌现，面向对象数据模型可望在计算机科学技术领域中得到普遍的接受。

1.3 数据库系统

数据库系统是基于数据的计算机应用系统，它包括了以数据为主体的数据库和管理数据库的系统软件DBMS，还包括了支持数据库系统的计算机硬件环境和操作系统环境、管理和使用数据库系统的人、方便使用和管理系统的各种技术说明书和使用说明书。

数据库、数据库管理系统和数据库系统是三个不同的概念。数据库强调的是数据，数据库管理系统强调的是系统软件，而数据库系统强调的是数据库的整个运行系统。

数据库管理员是指负责数据库全面管理工作的人员，而数据库系统则包括了数据库、数据库管理系统、数据库管理员等所有内容。

1.3.1 数据系统的结构

不同的数据库系统支持不同的数据模型，使用不同的数据库语言，建立在不同的操作系统之上，数据存储结构也各不相同。但是，大多数数据库系统在总的体系结构上都是具有三级模式的结构特征。数据库系统的三级模式结构由外模式、模式和内模式组成，如图1-12所示。

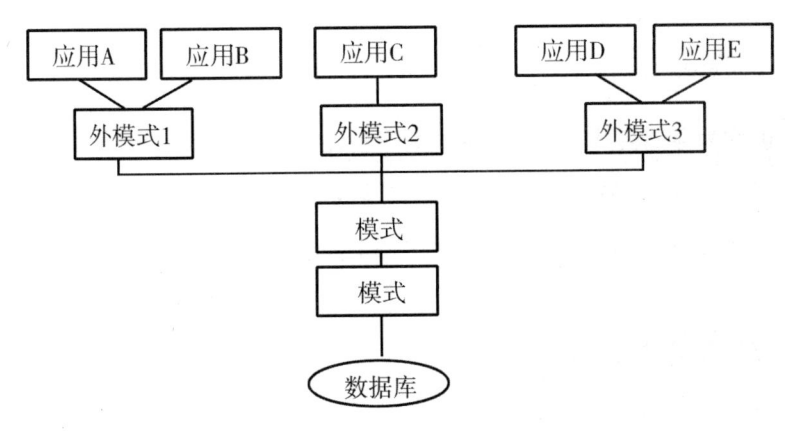

```
应用A  应用B    应用C      应用D  应用E
  ↓     ↓       ↓          ↓     ↓
  外模式1      外模式2       外模式3
         ╲      │      ╱
               模式
                │
               模式
                │
              数据库
```

图1-12 数据库系统的三级模式

数据库系统的三级模式对应数据的三个抽象级别,数据的具体组织由DBMS管理,这使得用户能够逻辑地、抽象地处理数据,而不必关心数据在计算机中的表示和存储。为了实现这三个层次的联系和转换,数据库系统在这三级模式中提供了外模式/模式和模式/内模式的两层映像。

1.3.1.1 模式

模式,也称为逻辑模式,是数据库中全体数据的逻辑结构和特性的描述,是所有用户的公共数据视图,它描述的是数据的全局逻辑结构。模式不涉及数据的物理存储细节和硬件环境,也与具体的应用程序及使用的高级程序设计语言无关。模式通常以某一种数据模型为基础,而不仅仅是数据的逻辑结构的定义。数据库系统提供模式描述语言(模式DDL)来严格地表示这些内容。用模式DDL写出的一个数据库逻辑定义的全部语句称为某一个数据库的模式。模式是对数据库结构的一种描述,而不是数据库本身,它是装配数据的一个框架。

1.3.1.2 外模式

外模式,也称为子模式或用户模式,是数据库用户看到的数据视图,它涉及的是数据的局部逻辑结构,通常是模式的子集。外模式是个别用户的数据视图,即与某一应用有关的数据的逻辑表示。不同用户的外模式可以相互覆盖。同一外模式可以为某一用户的任意多个应用启用。一个应用只能启用一个外模式。数据库系统提供外模式描述语言(外模式DDL)来描述用户数据视图。用外模式DDL写出的一个用户数据视图的逻辑定义的全部语句称为此用户的外模式。外模式DDL和用户选用的程序设计语言具有相容的语法。

1.3.1.3 内模式

内模式,也称为存储模式,是数据在数据库系统内部的表示,即对数据的物理结构和方式的描述。内模式是全体数据库数据的内部表示或者低层描述,用来定义数据的存储方式和物理结构。内模式通常用内模式数据描述语言来描述和定义。

1.3.2 数据库系统的组成

在计算机系统中引入数据库技术之后,该系统就是以数据处理作为主要的应用特征。这里讲的数据库系统不是指数据库本身,也不仅指数据库管理系统,而是指计算机系统中引入数据库后的系统构成。该系统通常有以下几部分:存储大量数据的计算机系统,运行在该计算机系统上的各种数据库管理软件和各种应用软件,以及同该系统打交道的各种身份的人员。用计算机术语来说,该系统通常由四部分组成:硬件、软件、数据和用户。

引入数据库之后,整个计算机系统的软、硬件层次如图1-13所示。

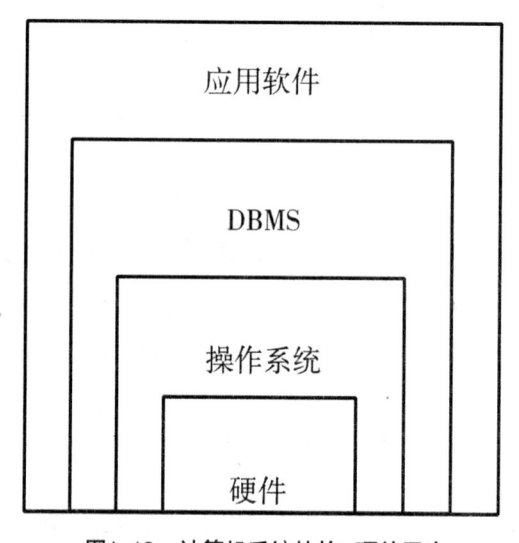

图1-13 计算机系统的软、硬件层次

由此可以看出,在硬件外面包上操作系统是计算机系统的一般配置,而数据库管理系统是包在操作系统外面的一层软件,它是在操作系统的支持下工作的。

1.3.2.1 硬件

数据库系统是建立在计算机系统上的,因此,它必须在相应的硬件资源的支持下方能运行。支持数据库系统的硬件资源包括CPU、内存、磁盘、磁带，以及其他外部设备。

数据库系统有其独特的应用特征，它对硬件资源有其特殊的要求。我们知道，在数值计算中，计算机的运算速度决定了整个程序的运行速度；而在数据处理中，数据存取的速度，除了与计算机本身的运算速度有关之外，还有更主要的因素就是I/O所占的时间。换句话说，在数据处理中CPU的速度不是数据存取快慢的决定因素。

数据库系统对硬件的要求主要有以下几个方面：

（1）要有足够大的内存。数据库系统对内存的要求比起数值计算来要大得多。因为在数据库系统环境下，除了操作系统外，还有数据库管理系统、应用程序、系统缓冲区、数据库表等，都需要在系统运行时占用内存。虽然DBMS不一定全部常驻内存，但总的内存要求是十分可观的。

（2）要有大容量的直接存取设备。数据库中数据的数量是十分巨大的，所有需要相当大的存储空间。另外，存储设备的特性和指标也直接影响存取数据的效率。通常数据库系统都配有大容量的直接存取的外存设备——磁盘。由于磁盘技术发展非常快，差不多每5年成本就下降50%~70%，且其存取时间更快、容量更大。所以，大都采用磁盘作为外存。

（3）要求较强的通道能力。数据库系统的应用特性，决定了要有大量的内外存较好操作，而且I/O所占的时间，是影响数据库存取速度的主要因素，所以对通道的能力有较高的要求。

1.3.2.2 软件

数据库系统涉及的软件有：

（1）操作系统OS。

（2）作为主语言存在的高级语言（如Java、Cobol等）。

（3）数据库管理系统DBMS。

（4）应用程序。前两部分为计算机系统具有的配置的基本软件，是数据库系统工作中涉及的。数据库管理系统是一组软件，是数据库系统的核心。应用程序通常是用高级语言来编写，它描述了用户的应用需求。

1.3.2.3 数据

数据是数据库管理系统的基本内容，是大量的信息资源。

1.3.2.4 用户

在一个数据库系统中，通常有多种身份不同的人与系统打交道，如果将跟系统打交道的人都视为用户的话，由于各类人员的身份不一样，他们在系统中所处的地位也就不同，所以他们对数据库系统有不同的看法。换句话说，系统为不同人员提供的视图也是不同的，通常有以下五类人员：

（1）终端用户。这类用户不必熟悉程序语言和数据处理技术，他们通过终端的人机对话，进行各种业务工作。如飞机售票员，商店营业员等。

（2）应用程序员。这类用户熟悉本职业务和DBMS接口的主语言，以及DBMS提供的数据操纵语言。他们的任务是与数据库管理员一起，创建他们的应用程序所对应的子模式，编制他们的业务处理程序或供终端用户使用的应用程序。

（3）数据库管理员。他们的具体工作将在后面详细讨论。他们是对数据库系统负全面责任的人员。

（4）系统分析员。这类人员应对计算机系统的各个方面都要熟悉。他们要负责整个数据库系统的性能评价，并为满足系统要求而决定物理存储的策略，进行应用模拟试验等。

（5）系统程序员。这类人员应熟悉各种系统软件，尤其是OS和DBMS，并负责向数据库管理员说明各种软件的使用限制。

上述五类人员对数据库系统的视图如图1-14所示。

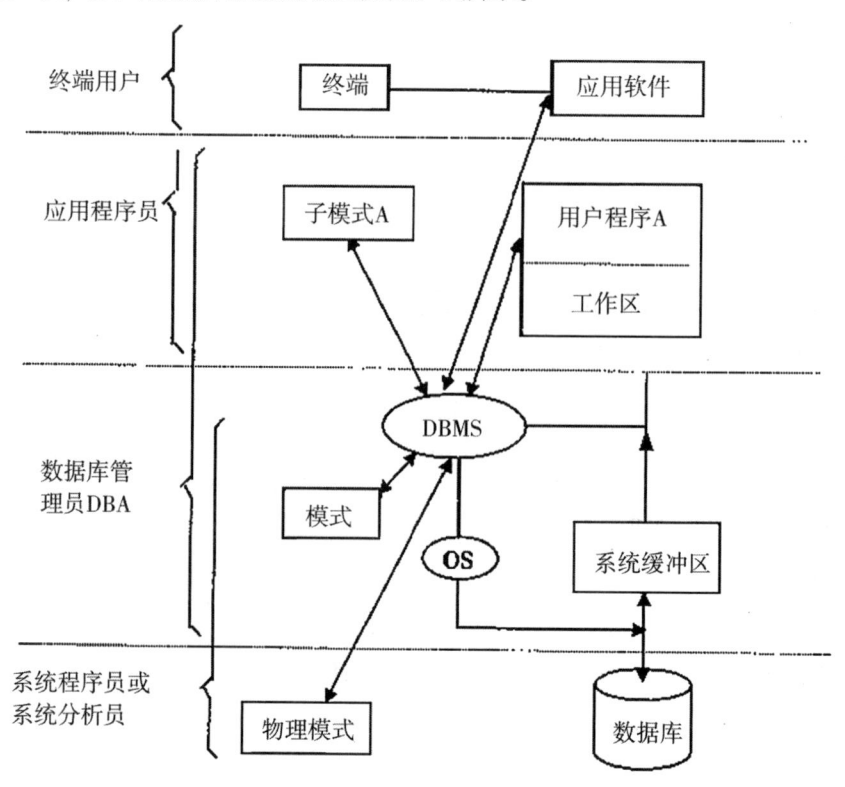

图1-14 数据库系统的不同视图

1.3.3 数据库管理系统

众所周知,数据库系统的目的之一,是为了尽可能降低用户程序在数据的管理、维护和使用上的复杂性,在保证数据安全可靠的同时,提高数据库应用的简明性和方便性,而把这种复杂性转嫁到数据库管理系统身上。正如有了高级语言编译程序之后,程序员就可以不使用机器指令而使用高级语言写程序一样,有了数据库管理系统,用户就可以在抽象意义下处理数据,而不必顾及这些数据在计算机中的布局和物理位置。数据库管理系统就是实现把用户意义下抽象的逻辑数据的处理,转换成计算机中具体的物理数据处理的软件。从上面看,它很像一个操作命令语言解释器,把用户应用程序的数据操作语句,转换成为对系统存储文件的操作。它又像一个向导,把用户对数据库的一次访问,从用户纽带到概念级,再导向物理级。而DBMS的职能就是有效地实现数据库三级之间的转换。

1.3.3.1 数据库管理系统的功能

(1)定义数据库。包括全局逻辑数据结构(模式)的定义、局部逻辑数据结构(子模式)的定义、保密定义等。这就要求提供书写模式、子模式、物理模式的能力和工具,把各种源模式翻译成机器目标代码形式的目标形式,并把其存储在系统之中。也就是从用户的、概念的和物理的三种不同的观点出发,定义一个数据库。

(2)装入数据库。在数据库已经定义的基础上,把实际的数据存储到物理设备上。装入过程和数据的布局,必须严格遵守数据库的定义。

(3)操纵数据库。接收、分析和执行用户提出的访问数据库的各种请求,完成对数据库的检索、插入、修改、删除等操作。这是面向用户的主要功能。

(4)控制数据库。控制整个数据库系统的运行,控制用户的并发访问,执行对数据的安全、完整、保密的检验。

(5)维护数据库。维护功能是面向系统的。它主要包括:运行的记录工作日志,对数据库的性能进行监督和分析,在性能变坏时重新组织数据库,在用户要求和系统设备发生变化时修改和更新数据库,在系统软、硬件发生故障时恢复数据库。

(6)数据通信。对应用程序、计算机终端或其他系统及系统内部运行的、进程之间的数据流动进行处理。这一部分工作通常与操作系统协同完成。

从程序的角度看,DDMS是完成上述功能的许多系统程序所组成的一个集合。每个程序都有自己的功能,一个程序或几个程序一起完成DBMS的一项工作或一个程序完成几项工作,以设计方便与系统性能良好为原则。所以各个DBMS的功能不完全一样，包含的程序也不等。

1.3.3.2 数据库管理系统的组成

数据库管理系统包含以下主要程序：

1.3.3.2.1 语言处理方面

（1）模式数据描述语言（DDL）翻译程序。把模式DDL源形式翻译成机器可读的目标形式（通常是一组模式表格）。

（2）子模式DDL翻译程序。把子模式的源形式翻译成目标形式。

（3）数据操纵语言DML处理程序。把应用程序中的DML语句转换成主语言的一个个过程调用语句。

（4）终端命令解释程序。解释终端命令的意义，决定操作的执行过程。

（5）数据库控制命令解释程序。解释每个控制命令的含义，决定怎样执行。

1.3.3.2.2 系统运行控制方面

（1）系统总控程序。它是DBMS的神经中枢，它控制DBMS各个程序工作，使其有条不紊地工作。

（2）访问控制程序。其内容包括核对用户标识、口令，核对授权表，检验访问的合法性等，它决定一个访问是否能够进入数据库。

（3）并发控制程序。在许多用户同时访问数据时，协调各用户的访问。例如，按优先级，安排访问队列，封锁某些访问或某些数据，撤销某种封锁，允许某个访问执行或撤销某个事务等。

（4）保密控制程序。在执行操作之前，核对保密规定。

（5）数据完整性控制程序。在执行操作前或后，核对数据完整性约束条件，从而决定是否允许操作执行或撤销已执行操作的影响。

（6）数据访问程序。根据用户访问请求，对数据访问进行插入、修改、删除等操作。

（7）通信控制程序。实现用户程序与DBMS之间的通信。

1.3.3.2.3 系统建立维护方面

（1）数据装入程序。用于把大量原始数据按某种文件组织方法，存储到外存介质上，完成数据库的装入。

（2）工作日志程序。负责记载进入数据库的所有访问。其内容包括：用户名称、进入系统时间、进行何种操作、数据对象、数据改变情况等，使每个访问者都留下踪迹。

（3）性能监督程序。监督操作执行时间与存储空间使用情况，作出系统性能估算，以决定数据库是否需要重新组织。

（4）重新组织程序。当数据库系统性能变坏时（例如，查找时间超过了规定值），需要对数据重新进行物理组织，或者按原组织方法重新装入，或者改变原组织方法，采用新的结构。一般来说，重新组织是数据库系统的一种周期性活动。

（5）系统恢复程序。当软硬件设备遭到破坏时，该程序把数据库恢复到可用状态。

1.3.4 数据库语言

数据库管理系统是用户与数据库之间的接口。一个数据库管理系统，必须为用户提供某种工具来完成下列工作：①建立自己的数据库（包括建立起数据模型和真正的物理数据库）；②对数据库中的数据进行各种操作（如检索、修改、删除、插入等）。而这个工具就是数据库语言。类似于高级语言是用户与计算机之间的媒介一样，数据库语言是用户与DBMS之间的媒介。

通常，数据库语言包括数据描述语言和数据操纵语言两大部分，前者负责描述和定义数据库的各种特性，后者说明对数据进行的各种操作。

1.3.4.1 数据描述语言

数据描述语言（Data Description Language），简记为DDL，负责定义和描述数据的各种特性。它的任务就是对数据库的逻辑设计和物理设计中所得到的数据模式进行定义和描述。

从前面的讨论可以看到，一个数据库的结构描述，应当包括三个层次：子模式、模式和物理模式。故相应地也需要提供三种数据描述语言：子模式数据描述语言，简记为SDDL；模式数据描述语言，简记为DDL；物理数据描述语言，简记为PDDL。下面分别介绍这几种语言：

1.3.4.1.1 模式数据描述语言

其作用是定义和描述一个数据库的模式。因此它必须能够：

（1）对模式命名。模式名，即数据库名，是数据库的符号标识。其命名方式与文件相同，一般是以字母开头的数字串标识。

（2）定义数据项。即对数据项命名，指出其数据类型、数据长度等。

（3）建立记录型。指明记录的组成及其所包含的数据项的顺序，并对记录命名，同时指定记录的关键字及其组成。

(4)定义记录之间的联系。指明哪些记录之间有联系，以及是什么样的联系。对于网状数据库还要对联系进行命名。

(5)指定安全性控制要求。规定数据的安全密码，以及用户使用权限。

(6)描述数据的完整性约束条件。

1.3.4.1.2 子模式数据描述语言

子模式数据描述语言的作用是书写用户的子模式，即定义用户数据库的逻辑结构。其功能与模式数据描述语言基本相同。它与模式数据描述语言的主要区别，在于它所描述的是数据库的一个局部而不是整体。子模式是由模式映射而来的，因此它们之间的不同点主要是：

(1)子模式的数据项，可以与模式中对应的数据项有不同的形式。如在模式中，一个数据项是一个二进制定点数，而在子模式中可以定义为十进制数。

(2)记录的组成可以不同：子模式中的一个记录，可以由模式中几个不同记录中的数据项组成，而且可以有不同的顺序。

(3)子模式可以与模式有不同的密码和使用权限。

1.3.4.1.3 物理数据描述语言

全局逻辑数据描述，必须映射到物理存储。物理数据描述语言的作用，就是根据数据库的物理设计要求和数据模式，定义描述存储数据库的物理特征，描述逻辑数据到物理数据的映射。它的功能如下：

(1)指明逻辑数据单位在物理存储设备上的存储。如哪个记录类型对应于哪个文件，存储在哪些设备上，甚至指出存储在哪个区域，指明数据的物理布局。

(2)指明每个数据项的物理表示方式。虽然任何数据在物理设备上都是二进位的一个组合和存储，但一般计算机都提供了定点数、浮点数、十进制数和字符型数等多种表式方法。它们各有其自身的特点，在数据存储和处理中也各有不同的适应性。如二进制和浮点数，一般占空间少，计算速度快，但在输入和输出时必须有两个方向的转换。因此，对不同应用和不同使用频率的数据，可以适当地选择不同的表示方式。同时还要建立数据的逻辑表示和物理表示之间的映像关系。

(3)指明数据的寻址方式和检索技术。包括是使用物理地址还是符号地址；数据的检索方式是用直接方法，还是用索引方法或者顺序的方法等。

(4)指明"联系"的实现方法。必须具体指出是使用邻接法，还是采用指针链接法，或是采用什么综合方法。

物理数据描述语言，通常由实现者根据硬件系统的特定环境制定。也有的系统称之为设备介质控制语言，简记为DMCL。

数据描述语言（SDDL、DDL、PDDL）是一种高级语言，和其他程序默认语言一样，有其自己的词汇表及一整套语法规则和语义解释。用数据描述语言写成的各种模式称为源模式。它必须由相应的编译程序，转换成用机器内部代码表示的形式，称为目标模式。目标模式实质上是一组相互联系的若干数据表格，而且是不可执行的信息。目标模式存储于数据字典中，DBMS在工作期间，参照这些表格来决定存取路径和应存取的数据。

这两三种语言是实现数据独立性的保证。但目前有相当部分的系统未能完全独立地提供这三种不同的语言，往往是一种语言多种功能。较多地是把DDL和PDDL的功能结合在一起，统一叫做DDL语言。用这种语言书写出来的模式并非完全是逻辑的，它同时包含了许多物理特性的描述，甚至还能把这三种语言功能结合在一起构成一种语言。

1.3.4.2 数据操纵语言

数据操纵语言（Data Manipwlation Language）简称DML，是用户与数据库系统接口之一，是用户操作数据库中数据的工具。它是数据库管理系统向应用程序员提供的一组宏指令或调用语句，用户用它向数据库管理系统提出对数据库中数据进行操作的各种请求。

通常，用户对数据库所要求的操作，主要有以下几个方面：

（1）从数据库中检索出满足给定条件的数据。

（2）把新的数据插入到数据库中指定的位置上。

（3）删除数据库中某些已经过时、没有保留价值的原有数据。

（4）修改某些属性发生了变化的数据项的值，使之能确切反映变化后的情况。

为了能有效地应用数据库，数据库管理系统还常常提供下述第五种操作，要求用户在操纵数据时使用。

（5）用于控制并发访问的操作和打开或关闭数据库的某些部分等。

数据操纵语言的任务就是表达和执行上述各种操纵数据库的任务。

在设计数据操纵语言时，一般应做到：描述操作准确，无二义性；操作能力强，用户希望使用的操作应尽量满足；语言自然、直观、容易掌握，使用方便。

1.3.4.2.1 数据库操作语言的分类

按其使用方式划分，大致可以分成两大类：宿主式数据操纵语言和自主式数据操纵语言。

（1）宿主式数据操纵语言。其特点是把数据库进行操纵的语句（这些语句的集合构成数据操纵语言）嵌入到其他高级语言中，如COBOL、PL/1等。我们称这些高级语言为主语言，而把嵌入到高级语言中的数据操纵语言，称为宿主式数据操纵语言。目前，把宿主式DML嵌入到主语言的办法有两种：

1）根据数据操纵语言规则，把DML语句设计成与主语言语句相同的格式，并把DML语句归入到主语言中。实际上是将主语言加以扩充，使DML语句成为主语言的一部分。在这种情况下，用户在编写应用程序时就用不着再考虑DML和主语言之间的区别，而是把DML也当成是主语言的语句使用。

由于主语言是原有的，因此必须扩充它的编译程序，通常有两种方法，如图1-15（a）、（b）分图所示。

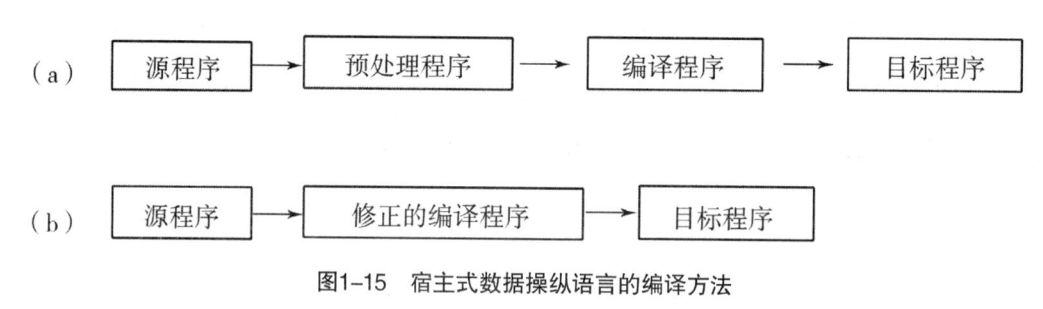

（a） 源程序 → 预处理程序 → 编译程序 → 目标程序

（b） 源程序 → 修正的编译程序 → 目标程序

图1-15 宿主式数据操纵语言的编译方法

一般说来，方法（a）比方法（b）经济合算。

2）使用语言中的子程序调用语句，实现与DML语句连接。例如，在COBOL中用CALL来调用DML语句。

这是两种使用宿主式数据操纵语言方式，不同的系统可以根据不同的情况采用不同的使用方式。例如，在IMS系统中就采用（b）方式，即通过CALL来调用DML语句；而在DBTG系统中，则采用了（a）方式，即把DML语句嵌入到COBOL语言中去。

自主式数据操纵语言是一种完整的、独立的程序语言。它自成体系，不必借助于其他语言，依靠自身就可以实现对数据库中数据的存取以及其他操作。这种语言功能齐全，效率较高，仅适应性较差。

1.3.4.2.2 数据操纵语言的过程化程度

它是指程序要达到目的所需要叙述的详细程度。用户在使用数据操纵语言访问数据库时，会遇到"做什么"和"怎样做"的问题，在说明"怎样做"的问题上。有的语言要求叙述得很详细，因而就说这种语言过程化程度高；有的话语不要求说得很详细，则说它的过程化程度低。一般说来，过程化程序高的语言，系统考虑的事情就少，而用户考虑的事情就多，这样的语言较容易，但使用困难，要求较高。而过程化程度低的语言，将许多工作都交给系统来处理，因而系统的效率低。由于它使用方便，对用户要求较少，可以大大地减轻用户的负担，所以用户对它是倍加欢迎的。

1.4 数据技术的应用

数据库技术的应用领域非常广,从目前接触到的一些应用的发展来看,尤其是Internet的发展以及多种信息技术交叉与发展,给数据库应用提供了更多的机遇。这些应用不仅利用了现行的数据库技术,还对数据库技术提出了更多的需求,从而促进了数据库技术的不断发展。

随着信息时代的发展,数据库也相应产生了一些新的应用领域。主要表现在下面六个方面。

1.4.1 多媒体数据库

多媒体技术是80年代发展起来的计算机新技术,它是在传统计算机应用技术,即对数据处理、字符处理、文字处理、图形处理、声音处理等技术综合继承的基础上,引进了新鲜的技术内容和设备,如影视处理技术、CD-ROM、各种专用芯片和功能卡等,以及日后形成的计算机集成新技术。多媒体技术为扩展计算机的应用范围、应用深度和表现能力提供了极好的支持。基于多媒体技术的应用系统开发,其技术内容又包括了多媒体处理技术和多媒体管理技术,更准确地说是对多媒体对象或多媒体数据的处理技术和管理技术。这类数据库主要存储与多媒体相关的数据,如声音、图像和视频等数据。多媒体数据最大的特点是数据连续,而且数据量比较大,存储需要的空间较大。

1.4.2 移动数据库

该类数据库是在移动计算机系统上发展起来的,如笔记本电脑、掌上计算机等。该数据库最大的特点是通过无线数字通信网络传输的。移动数据库可以随时随地获取和访问数据,为一些商务应用和一些紧急情况带来了很大的便利。

1.4.3 空间数据库

这类数据库目前发展比较迅速。它主要包括地理信息数据库(又称为地理信息系统,即GIS)和计算机辅助设计(CAD)数据库。其中地理信息数据库一般存储与地图相关的信息数据；计算机辅助设计数据库一般存储设计信息的空间数据库，如机械、集成电路以及电子设备设计图等。

1.4.4 信息检索系统

信息检索就是根据用户输入的信息，从数据库中查找相关的文档或信息，并把查找的信息反馈给用户。信息检索领域和数据库是同步发展的，它是一种典型的联机文档管理系统或者联机图书目录。

1.4.5 分布式信息检索

这类数据库是随着Internet的发展而产生的数据库。它一般用于因特网及远距离计算机网络系统中。特别是随着电子商务的发展，这类数据库发展更加迅猛。许多网络用户（如个人、公司或企业等）在自己的计算机中存储信息，同时希望通过网络使用发送电子邮件、文件传输、远程登录方式和别人共享这些信息。分布式信息检索满足了这一要求。

1.4.6 专家决策系统

专家决策系统也是数据库应用的一部分。由于越来越多的数据可以联机获取，特别是企业通过这些数据可以对企业的发展作出更好的决策，以使企业更好地运行。由于人工智能的发展，使得专家决策系统的应用更加广泛。

1.5 常用关系型数据库管理系统介绍

总体上，关系型DBMS可以分为PC数据库（也称为桌面型数据库）及大型数据库两类。

PC数据库一般在同一时间只有一个用户使用，其前端界面及数据库一般安装于同一台机器，而且基本上是安装在普通PC机上，主要用于数据量不大的小型机构。较常见的产品包括微软的Access、FoxPro、Borland公司的dBase、Paradox等。其特点主要是不能用于客户端/服务器结构，处理的数据比较小，但是价格便宜，使用简单。一般数据库只由一个文件构成，基本没有维护要求。其操作语言虽然支持SQL语言，但是一般是面向记录的，而不像大型数据库那样面向集合。PC数据库系统也没有大型数据库系统的备份恢复机制。严格来说，这种数据库系统是文件系统。

　　大型数据库主要适用于大型企事业单位的复杂应用。前端界面和后台数据库一般安装在不同的机器上，这种结构称为cs3结构（Client/Server，即客户端/服务器）。安装前端界面的机器称为客户端，一般是普通PC机，不需要较高的硬件配置；后台数据库则安装在专用服务器上，二者通过局域网或Internet连接起来，可以允许多个用户同时通过网络操作服务器上的数据库。当前流行的结构称为B/s结构（Browser/Server，即浏览器/服务器），前端用浏览器作为操作数据库的界面，而操作系统一般都附带浏览器软件，这样就省去了安装和维护客户端的工作。

　　当前主流的大型数据库产品主要包括OracIe、DB2、SQL Server、Informi及Sysbase。其中，Oracle是甲骨文公司的产品，该公司的核心产品就是数据库，其他产品基本都是围绕数据库开发的。Oracle是当今世界数据库工业的"巨人"，在所有大型数据库产品中不论功能和市场占有率都处于主导地位，可以安装在所有主流的操作系统上，一般搭配SUN公司的Solarls操作系统比较常见（尤其是在中国电信）。其特点是功能强大，但体系结构复杂，入门较困难。Oracle数据库的产品和培训以费用高昂而著称。在中国各行业都有广泛应用。

　　DB2是IBM公司的产品，也可以安装在所有操作系统平台上，但主要是安装在IBM的机器（操作系统为IDM的AIX）上，在中国主要是应用在金融业（如工商银行）。Infomix在中国主要应用于银行（如建设银行）和电信业（如中国移动），它在2001年被IBM收购。

　　Sybase是Sybase公司的产品，可以安装在所有操作系统上，中国铁道总公司的铁路售票系统用的就是Sybase数据库产品，中国电信的一部分业务也在使用Sybase数据库。

　　SQL Server是微软公司的数据库产品，早期主要是采用Sybase的技术，所以SQL Server的体系结构及操作方式与Sybase很相似。SQL Server与其他四种产品的最主要区别是：SQL Serer只能安装在微软的Windows平台上，而多数高端服务器产品不能安装Windows操作系统，这在很大程度上限制了SQL Server在大型关键应用的使用范围，而主要是应用于中小型企事业单位。SQL Server继承了Windows操作系统简单易用的特点，较之其他几种产品更容易入门。

第 2 章 结构化查询语言 SQL

SQL是英文Structured Query Language的缩写,意思是结构化查询语言,是用于关系型数据库通信的标准语言,其模型的原型是由IBM公司使用了E.F.Codd博士的论文《大型共享数据仓库的关系模型》发展而来的。在1979年,也就是IBM的原型产生不久,第一代SQL产品Oracle便由Relatlonal SoftWare公司(后来被命名为Oracle公司)开发出来。自从1986年IBM完成了SQL的开发以后,SQL就被当做是关系型数据库通信的标准语言。在1987年,ANSI SQL标准被ISO组织作为国际标准来接受。ANSI是一个专门负责为不同产品和概念设计标准的组织。SQL语句可以用来执行各种各样的操作,例如,更新数据库中的数据,从数据库中提取数据等。目前,绝大多数流行的关系型数据库管理系统,如Oracle、Sybase、Microsoft SQL Server、Access等都采用了SQL语言标准。虽然很多数据库都对SQL语句进行了再开发和扩展,但是包括Select、Insert、Update、Delete、Create,以及Drop在内的标准的SQL命令仍然可以被用来完成几乎所有的数据库操作。

2.1 SQL 语言

SQL语言是一种计算机语言,可以用它跟数据库交互。图2-1展示了SQL是怎样工作的。图中的计算机系统有一个存储重要信息的数据库,如果这个计算机系统是用于商业的,那么数据库存储的可能是物品清单、生产量、销售量等。在个人计算机上,数据库存储的数据可能是你签发的支票、通讯录或者摘自一个更大的计算机系统的数据。

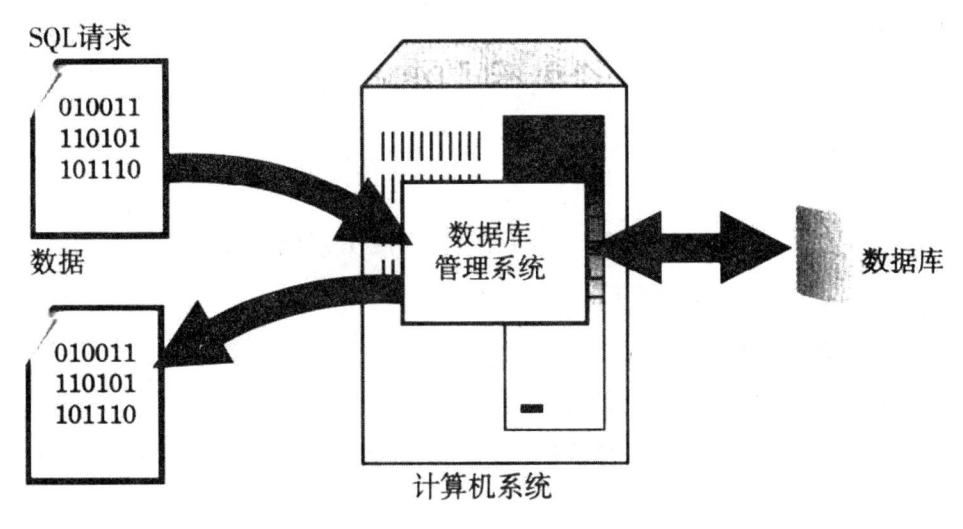

图2-1　SQL工作原理

当需要从数据库中检索数据时，可以使用SQL语言做出请求。DBMS会处理这个请求，检索请求的数据并将它返回给请求者。从数据库中请求数据并返回结果的过程称为数据库查询，这就是结构化查询语言名字的由来。

SQL不仅仅是一个查询工具，还可以用SQL来控制DBMS为其用户提供的所有功能，包括：

· 数据定义——SQL让用户定义存储数据的结构和组织，以及存储数据项之间的关系
· 数据检索——SQL允许用户或应用程序从数据库中检索存储的数据并使用它。
· 数据操作——SQL允许用户或应用程序统计添加新数据、删除旧数据和更新以前存储的数据，对数据库进行更新。
· 访问控制——可以使用SQL来限制用户检索、添加和修改数据的能力，保护存储的数据不被未授权的用户所访问。
· 数据共享——可以使用SQL来协调多个并发用户共享数据，确保它们不会相互干扰。
· 数据完整性——SQL在数据库中定义完整性约束条件，使它不会由于不一致的更新或系统失败而遭到破坏。

因此，SQL是一种综合性语言，用来控制并与数据库管理系统进行交互作用。

2.2　SQL语法

对数据库的操作大部分工作是由SQL语句完成的，SQL分为数据操作语言DML和数据定

义语言DDL两部分。

2.2.1 DDL 语言

SQL 的数据定义语言(DDL)部分使我们有能力创建或删除表格。我们也可以定义索引(键),规定表之间的链接,以及施加表间的约束。

SQL中最重要的 DDL 语句:

(1) CREATE TABLE——创建表格。

SQL语言中的create table语句被用来建立新的数据库表格。Create table语句的使用格式如下:

create table tablename(column1 data type, column2 data type, column3 data type);

如果用户希望在建立新表格时规定列的限制条件,可以使用可选的条件选项:

create table tablename(column1 data type [constraint], column2 data type [constraint], column3 data type [constraint]);

举例如下:

create table employee(firstname varchar(15), lastname varchar(20), age number(3), address varchar(30), city varchar(20));

简单来说,创建新表格时,在关键词create table后面加入所要建立的表格的名称,然后在括号内顺次设定各列的名称、数据类型,以及可选的限制条件等。注意,所有的SQL语句在结尾处都要使用";"符号。

使用SQL语句创建的数据库表格和表格中列的名称必须以字母开头,后面可以使用字母、数字或下划线,名称的长度不能超过30个字符。注意,用户在选择表格名称时不要使用SQL语言中的保留关键词,如select、create、insert等,作为表格或列的名称。

数据类型用来设定某一个具体列中数据的类型。例如,在姓名列中只能采用varchar或char的数据类型,而不能使用number的数据类型。

SQL语言中较为常用的数据类型为:

char(size):固定长度字符串,其中括号中的size用来设定字符串的最大长度。Char类型的最大长度为255字节。

varchar(size):可变长度字符串,最大长度由size设定。

number(size):数字类型,其中数字的最大位数由size设定。

Date:日期类型。

number(size, d)：数字类型，size决定该数字总的最大位数，而d则用于设定该数字在小数点后的位数。

最后，在创建新表格时需要注意的一点就是表格中列的限制条件。所谓限制条件就是当向特定列输入数据时所必须遵守的规则。例如，unique这一限制条件要求某一列中不能存在两个值相同的记录，所有记录的值都必须是唯一的。除unique之外，较为常用的列的限制条件还包括not null和primary key等。Not null用来规定表格中某一列的值不能为空。Primary key则为表格中的所有记录规定了唯一的标识符。

（2）ALTER TABLE——变更表格，使用格式如下：

ALTER TABLE <表名> ADD 列名类型；

例如，在employee表中增加性别一列

ALTER TABLE employee ADD sex varchar(2)；

（3）DROP TABLE——删除已存在的表格，使用格式如下：

DROP TABLE 表名；

例如，删除employee表格

DROP TABLE employee；

2.2.2 DML 语言

（1）向表格中插入数据。

SQL语言使用insert语句向数据库表格中插入或添加新的数据行。Insert语句的使用格式如下：

Insert into tablename(first_column, ...last_column)

values(first_value, ...last_value)；

例如：

insert into employee(firstname, lastname, age, address, city)

values('Li', 'Ming', 45, 'No.77 Changan Road', 'Beijing')；

简单来说，当向数据库表格中添加新记录时，在关键词insert into后面输入所要添加的表格名称，然后在括号中列出将要添加新值的列的名称。最后，在关键词values的后面按照前面输入的列的顺序对应输入所有要添加的记录值。

（2）更新记录。

SQL语言使用update语句更新或修改满足规定条件的现有记录。Update语句的格式为：

update tablename

set columnname = newvalue [, nextcolumn = newvalue2...]

where columnname OPERATOR value [and|or column OPERATOR value];

例如：

update employee

set age = age+1

where first_name= 'Mary' and last_name= 'Williams';

使用update语句时，关键一点就是要设定好用于进行判断的where条件从句。

（3）删除记录。

SQL语言使用delete语句删除数据库表格中的行或记录。Delete语句的格式为：

delete from tablename

where columnname OPERATOR value [and|or column OPERATOR value];

例如：

delete from employee

where lastname = May;

简单来说，当需要删除某一行或某个记录时，在delete from关键词之后输入表格名称，然后在where从句中设定删除记录的判断条件。注意，如果用户在使用delete语句时不设定where从句，则表格中的所有记录将全部被删除。

（4）查询操作。

我们日常使用SQL语言进行工作的过程中，使用最多的还是从已经建立好的数据库中查询信息。下面，我们就来详细介绍一下如何使用SQL语言实现各种数据库的查询操作。

SQL语言中用于数据库查询的最简单的命令就是SELECT…FROM，语法格式为：

SELECT "column_name" FROM "table_name"

SELECT语句用于从表中选取数据，结果被存储在一个结果表中（称为结果集）。

SQL SELECT 语法：

SELECT 列名称 FROM 表名称

以及：

SELECT * FROM 表名称

注释：SQL 语句对大小写不敏感。SELECT 等效于 select。

SQL SELECT 实例：

如需获取名为"LastName"和"FirstName"列的内容（从名为"Persons"的数据库表），请

使用类似这样的 SELECT 语句:

```
SELECT LastName, FirstName FROM Persons
```

"Persons" 表:

Id	LastName	FirstName	Address	City
1	Adams	John	Oxford Street	London
2	Bush	George	Fifth Avenue	New York
3	Carter	Thomas	Changan Street	Beijing

结果:

LastName	FirstName
Adams	John
Bush	George
Carter	Thomas

SQL SELECT * 实例:

现在我们希望从 "Persons" 表中选取所有的列。

请使用符号 * 取代列的名称,就像这样:

```
SELECT * FROM Persons
```

提示: 星号(*)是选取所有列的快捷方式。

结果:

Id	LastName	FirstName	Address	City
1	Adams	John	Oxford Street	London
2	Bush	George	Fifth Avenue	New York
3	Carter	Thomas	Changan Street	Beijing

SQL SELECT DISTINCT:

在表中,可能会包含重复值。这并不成问题,不过,有时您也许希望仅仅列出不同(distinct)的值。关键词 DISTINCT 用于返回唯一不同的值。

语法:

```
SELECT DISTINCT 列名称 FROM 表名称
```

如果要从 "Company" 列中选取所有的值,我们需要使用 SELECT 语句:

```
SELECT Company FROM Orders
```

"Orders" 表:

Company	OrderNumber
IBM	3532
W3School	2356
Apple	4698
W3School	6953

结果:

Company
IBM
W3School
Apple
W3School

请注意,在结果集中,W3School 被列出了两次。

如需从"Company"列中仅选取唯一不同的值,我们需要使用 SELECT DISTINCT 语句:

SELECT DISTINCT Company FROM Orders

结果:

Company
IBM
W3School
Apple

现在,在结果集中,"W3School"仅被列出了一次。

SQL WHERE 子句:

WHERE 子句用于规定选择的标准。

如需有条件地从表中选取数据,可将 WHERE 子句添加到 SELECT 语句。

语法:

SELECT 列名称 FROM 表名称 WHERE 列 运算符 值

下面的运算符可在 WHERE 子句中使用:

操作符	描述
=	等于
<>	不等于
>	大于
<	小于
>=	大于等于
<=	小于等于
BETWEEN	在某个范围内
LIKE	搜索某种模式

注释：在某些版本的 SQL 中，操作符 <> 可以写为 !=。

如果只希望选取居住在城市"Beijing"中的人，我们需要向 SELECT 语句添加 WHERE 子句：

SELECT * FROM Persons WHERE City='Beijing'

"Persons" 表：

LastName	FirstName	Address	City	Year
Adams	John	Oxford Street	London	1970
Bush	George	Fifth Avenue	New York	1975
Carter	Thomas	Changan Street	Beijing	1980
Gates	Bill	Xuanwumen 10	Beijing	1985

结果：

LastName	FirstName	Address	City	Year
Carter	Thomas	Changan Street	Beijing	1980
Gates	Bill	Xuanwumen 10	Beijing	1985

引号的使用：

请注意，我们在例子中的条件值周围使用的是单引号。

SQL 使用单引号来环绕文本值（大部分数据库系统也接受双引号）。如果是数值，请不要使用引号。

文本值：

> 这是正确的：
>
> SELECT * FROM Persons WHERE FirstName='Bush'
>
> 这是错误的：
>
> SELECT * FROM Persons WHERE FirstName=Bush

数值：

> 这是正确的：
>
> SELECT * FROM Persons WHERE Year>1965
>
> 这是错误的：
>
> SELECT * FROM Persons WHERE Year>'1965'

SQL AND & OR 运算符：

AND 和 OR 运算符用于基于一个以上的条件对记录进行过滤。

AND 和 OR 可在 WHERE 子语句中把两个或多个条件结合起来。

如果第一个条件和第二个条件都成立,则 AND 运算符显示一条记录。

如果第一个条件和第二个条件中只要有一个成立,则 OR 运算符显示一条记录。

原始的表（用在例子中的）：

LastName	FirstName	Address	City
Adams	John	Oxford Street	London
Bush	George	Fifth Avenue	New York
Carter	Thomas	Changan Street	Beijing
Carter	William	Xuanwumen 10	Beijing

AND 运算符实例：

使用 AND 来显示所有姓为"Carter",并且名为"Thomas"的人:

SELECT * FROM Persons WHERE FirstName='Thomas' AND LastName 'Carter'

结果：

LastName	FirstName	Address	City
Carter	Thomas	Changan Street	Beijing

OR 运算符实例：

使用 OR 来显示所有姓为"Carter"或者名为"Thomas"的人:

SELECT * FROM Persons WHERE firstname='Thomas' OR lastname='Carter'

结果：

LastName	FirstName	Address	City
Carter	Thomas	Changan Street	Beijing
Carter	William	Xuanwumen 10	Beijing

我们也可以把 AND 和 OR 结合起来（使用圆括号来组成复杂的表达式）:

SELECT * FROM Persons WHERE (FirstName='Thomas' OR FirstName='William') AND LastName='Carter'

结果：

LastName	FirstName	Address	City
Carter	Thomas	Changan Street	Beijing
Carter	William	Xuanwumen 10	Beijing

SQL ORDER BY 子句：

ORDER BY 语句用于对结果集进行排序。

ORDER BY 语句用于根据指定的列对结果集进行排序，默认按照升序对记录进行排序。

如果您希望按照降序对记录进行排序，可以使用 DESC 关键字。

原始的表（用在例子中的）：

Orders 表：

Company	OrderNumber
IBM	3532
W3School	2356
Apple	4698
W3School	6953

实例 1：

以字母顺序显示公司名称：

SELECT Company, OrderNumber FROM Orders ORDER BY Company

结果：

Company	OrderNumber
Apple	4698
IBM	3532
W3School	6953
W3School	2356

实例 2：

以字母顺序显示公司名称（Company），并以数字顺序显示顺序号（OrderNumber）：

SELECT Company, OrderNumber FROM Orders ORDER BY Company, OrderNumber

结果：

Company	OrderNumber
Apple	4698
IBM	3532
W3School	2356
W3School	6953

实例 3：

以逆字母顺序显示公司名称：

SELECT Company, OrderNumber FROM Orders ORDER BY Company DESC

结果：

Company	OrderNumber
W3School	6953
W3School	2356
IBM	3532
Apple	4698

实例 4：

以逆字母顺序显示公司名称，并以数字顺序显示顺序号：

SELECT Company, OrderNumber FROM Orders ORDER BY Company DESC, OrderNumber ASC

结果：

Company	OrderNumber
W3School	2356
W3School	6953
IBM	3532
Apple	4698

注意：在以上的结果中有两个相等的公司名称（W3School）。只有这一次，在第一列中有相同的值时，第二列是以升序排列的。如果第一列中有些值为 nulls 时，情况也是这样的。

SQL LIKE 操作符：

LIKE 操作符用于在 WHERE 子句中搜索列中的指定模式。

SQL LIKE 操作符语法：

SELECT column_name(s) FROM table_name WHERE column_name LIKE pattern

原始的表（用在例子中的）：

Persons 表：

Id	LastName	FirstName	Address	City
1	Adams	John	Oxford Street	London
2	Bush	George	Fifth Avenue	New York
3	Carter	Thomas	Changan Street	Beijing

例子 1：

现在，我们希望从上面的 "Persons" 表中选取居住在以 "N" 开始的城市里的人：

我们可以使用下面的 SELECT 语句：

SELECT * FROM Persons WHERE City LIKE 'N%'

提示:"%" 可用于定义通配符(模式中缺少的字母)。

结果集:

Id	LastName	FirstName	Address	City
2	Bush	George	Fifth Avenue	New York

例子 2:

接下来,我们希望从 "Persons" 表中选取居住在以 "g" 结尾的城市里的人。

我们可以使用下面的 SELECT 语句:

SELECT * FROM Persons WHERE City LIKE '%g'

结果集:

Id	LastName	FirstName	Address	City
3	Carter	Thomas	Changan Street	Beijing

例子 3:

接下来,我们希望从 "Persons" 表中选取居住在包含 "lon" 的城市里的人。

我们可以使用下面的 SELECT 语句:

SELECT * FROM Persons WHERE City LIKE '%lon%'

结果集:

Id	LastName	FirstName	Address	City
1	Adams	John	Oxford Street	London

例子 4:

通过使用 NOT 关键字,我们可以从 "Persons" 表中选取居住在不包含 "lon" 的城市里的人:

我们可以使用下面的 SELECT 语句:

SELECT * FROM Persons WHERE City NOT LIKE '%lon%'

结果集:

Id	LastName	FirstName	Address	City
2	Bush	George	Fifth Avenue	New York
3	Carter	Thomas	Changan Street	Beijing

SQL 通配符：

在搜索数据库中的数据时，SQL 通配符可以替代一个或多个字符。SQL 通配符必须与 LIKE 运算符一起使用。

在 SQL 中，可使用以下通配符：

通配符	描述
%	替代一个或多个字符
_	仅替代一个字符
[charlist]	字符列中的任何单一字符
[^charlist]或者[!charlist]	不在字符列中的任何单一字符

原始的表（用在例子中的）：

Persons 表：

Id	LastName	FirstName	Address	City
1	Adams	John	Oxford Street	London
2	Bush	George	Fifth Avenue	New York
3	Carter	Thomas	Changan Street	Beijing

使用 % 通配符：

例子 1：

现在，我们希望从上面的"Persons"表中选取居住在以"Ne"开始的城市里的人。

我们可以使用下面的 SELECT 语句：

SELECT * FROM Persons WHERE City LIKE 'Ne%'

结果集：

Id	LastName	FirstName	Address	City
2	Bush	George	Fifth Avenue	New York

例子 2：

接下来，我们希望从"Persons"表中选取居住在包含"lond"的城市里的人。

我们可以使用下面的 SELECT 语句：

SELECT * FROM Persons WHERE City LIKE '%lond%'

结果集：

Id	LastName	FirstName	Address	City
1	Adams	John	Oxford Street	London

使用 _ 通配符：

例子 1：

现在，我们希望从上面的"Persons"表中选取名字的第一个字符之后是"eorge"的人。

我们可以使用下面的 SELECT 语句：

SELECT * FROM Persons WHERE FirstName LIKE '_eorge'

结果集：

Id	LastName	FirstName	Address	City
2	Bush	George	Fifth Avenue	New York

例子 2：

接下来，我们希望从"Persons"表中选取的这条记录的姓氏以"C"开头，然后是一个任意字符，然后是"r"，然后是任意字符，然后是"er"。

我们可以使用下面的 SELECT 语句：

SELECT * FROM Persons WHERE LastName LIKE 'C_r_er'

结果集：

Id	LastName	FirstName	Address	City
3	Carter	Thomas	Changan Street	Beijing

使用 [charlist] 通配符：

例子 1：

现在，我们希望从上面的"Persons"表中选取居住的城市以"A"或"L"或"N"开头的人。

我们可以使用下面的 SELECT 语句：

SELECT * FROM Persons WHERE City LIKE '[ALN]%'

结果集：

Id	LastName	FirstName	Address	City
1	Adams	John	Oxford Street	London
2	Bush	George	Fifth Avenue	New York

例子 2：

现在，我们希望从上面的"Persons"表中选取居住的城市不以"A"或"L"或"N"开头的人。

我们可以使用下面的 SELECT 语句：

SELECT * FROM Persons WHERE City LIKE '[!ALN]%'

结果集：

Id	LastName	FirstName	Address	City
3	Carter	Thomas	Changan Street	Beijing

SQL IN 操作符：

IN 操作符：

IN 操作符允许我们在 WHERE 子句中规定多个值。

SQL IN 语法：

SELECT column_name(s) FROM table_name WHERE column_name IN (value1, value2, ...)

原始的表（在实例中使用）：

Persons 表：

Id	LastName	FirstName	Address	City
1	Adams	John	Oxford Street	London
2	Bush	George	Fifth Avenue	New York
3	Carter	Thomas	Changan Street	Beijing

IN 操作符实例：

现在，我们希望从上表中选取姓氏为 Adams 和 Carter 的人。

我们可以使用下面的 SELECT 语句：

SELECT * FROM Persons WHERE LastName IN ('Adams', 'Carter')

结果集：

Id	LastName	FirstName	Address	City
1	Adams	John	Oxford Street	London
3	Carter	Thomas	Changan Street	Beijing

SQL BETWEEN 操作符：

BETWEEN 操作符在 WHERE 子句中使用，作用是选取介于两个值之间的数据范围。

BETWEEN 操作符：

操作符 BETWEEN ... AND 会选取介于两个值之间的数据范围。这些值可以是数值、文本或者日期。

SQL BETWEEN 语法：

SELECT column_name(s) FROM table_name WHERE column_name BETWEEN value1 AND value2

原始的表（在实例中使用）：

Persons 表：

Id	LastName	FirstName	Address	City
1	Adams	John	Oxford Street	London
2	Bush	George	Fifth Avenue	New York
3	Carter	Thomas	Changan Street	Beijing
4	Gates	Bill	Xuanwumen 10	Beijing

BETWEEN 操作符实例：

如需以字母顺序显示介于 "Adams"（包括）和 "Carter"（不包括）之间的人，请使用下面的 SQL：

SELECT * FROM Persons WHERE LastName BETWEEN 'Adams' AND 'Carter'

结果集：

Id	LastName	FirstName	Address	City
1	Adams	John	Oxford Street	London
2	Bush	George	Fifth Avenue	New York

重要事项：不同的数据库对 BETWEEN...AND 操作符的处理方式是有差异的。某些数据库会列出介于 "Adams" 和 "Carter" 之间的人，但不包括 "Adams" 和 "Carter"；某些数据库会列出介于 "Adams" 和 "Carter" 之间并包括 "Adams" 和 "Carter" 的人；而另一些数据库会列出介于 "Adams" 和 "Carter" 之间的人，包括 "Adams"，但不包括 "Carter"。

所以，请检查你的数据库是如何处理 BETWEEN....AND 操作符的!

实例 2：

如需使用上面的例子显示范围之外的人，请使用 NOT 操作符：

SELECT * FROM Persons WHERE LastName NOT BETWEEN 'Adams' AND 'Carter'

结果集：

Id	LastName	FirstName	Address	City
3	Carter	Thomas	Changan Street	Beijing
4	Gates	Bill	Xuanwumen 10	Beijing

SQL Alias（别名）：

通过使用 SQL，可以为列名称和表名称指定别名（Alias）。

表的 SQL Alias 语法：

```
SELECT column_name(s) FROM table_name AS alias_name
```

列的 SQL Alias 语法：

```
SELECT column_name AS alias_name FROM table_name
```

Alias 实例：使用表名称别名。

假设我们有两个表分别是："Persons" 和 "Product_Orders"。我们分别为它们指定别名 "p" 和 "po"。

现在，我们希望列出 "John Adams" 的所有订单。

我们可以使用下面的 SELECT 语句：

```
SELECT po.OrderID, p.LastName, p.FirstName
FROM Persons AS p, Product_Orders AS po
WHERE p.LastName='Adams' AND p.FirstName='John'
```

不使用别名的 SELECT 语句：

```
SELECT Product_Orders.OrderID, Persons.LastName, Persons.FirstName
FROM Persons, Product_Orders
WHERE Persons.LastName='Adams' AND Persons.FirstName='John'
```

从上面两条 SELECT 语句您可以看到，别名使查询程序更易阅读和书写。

Alias 实例：使用一个列名别称名。

表 Persons：

Id	LastName	FirstName	Address	City
1	Adams	John	Oxford Street	London
2	Bush	George	Fifth Avenue	New York
3	Carter	Thomas	Changan Street	Beijing

SQL:

SELECT LastName AS Family, FirstName AS Name FROM Persons

结果:

Family	Name
Adams	John
Bush	George
Carter	Thomas

SQL JOIN:

SQL join 用于根据两个或多个表中的列之间的关系,从这些表中查询数据。

Join 和 Key

有时为了得到完整的结果,我们需要从两个或更多的表中获取结果。我们就需要执行 join。

数据库中的表可通过键将彼此联系起来。主键(Primary Key)是一个列,在这个列中的每一行的值都是唯一的。在表中,每个主键的值都是唯一的。这样做的目的是在不重复每个表中的所有数据的情况下,把表间的数据交叉捆绑在一起。

请看 "Persons" 表:

Id_P	LastName	FirstName	Address	City
1	Adams	John	Oxford Street	London
2	Bush	George	Fifth Avenue	New York
3	Carter	Thomas	Changan Street	Beijing

请注意,"Id_P" 列是 Persons 表中的主键。这意味着没有两行能够拥有相同的 Id_P。即使两个人的姓名完全相同,Id_P 也可以区分他们。

接下来请看 "Orders" 表:

Id_O	OrderNo	Id_P
1	77895	3
2	44678	3
3	22456	1
4	24562	1
5	34764	65

请注意,"Id_O" 列是 Orders 表中的主键,同时,"Orders" 表中的 "Id_P" 列用于引用 "Persons" 表中的人,而无需使用他们的确切姓名。

请留意,"Id_P" 列把上面的两个表联系了起来。

引用两个表：

我们可以通过引用两个表的方式，从两个表中获取数据：谁订购了产品，并且他们订购了什么产品？

```
SELECT Persons.LastName, Persons.FirstName, Orders.OrderNo
FROM Persons, Orders
WHERE Persons.Id_P = Orders.Id_P
```

结果集：

LastName	FirstName	OrderNo
Adams	John	22456
Adams	John	24562
Carter	Thomas	77895
Carter	Thomas	44678

SQL JOIN – 使用 Join：

除了上面的方法，我们也可以使用关键词 JOIN 来从两个表中获取数据。

如果我们希望列出所有人的定购，可以使用下面的 SELECT 语句：

```
SELECT Persons.LastName, Persons.FirstName, Orders.OrderNo
FROM Persons
INNER JOIN Orders
ON Persons.Id_P = Orders.Id_P
ORDER BY Persons.LastName
```

结果集：

LastName	FirstName	OrderNo
Adams	John	22456
Adams	John	24562
Carter	Thomas	77895
Carter	Thomas	44678

不同的 SQL JOIN：

除了我们在上面的例子中使用的 INNER JOIN（内连接），我们还可以有其他几种连接。

下面列出了您可以使用的 JOIN 类型，以及它们之间的差异。

·JOIN: 如果表中有至少一个匹配，则返回行。

- LEFT JOIN：即使右表中没有匹配，也从左表返回所有的行。
- RIGHT JOIN：即使左表中没有匹配，也从右表返回所有的行。
- FULL JOIN：只要其中一个表中存在匹配，就返回行。

SQL INNER JOIN 关键字：

INNER JOIN 关键字在表中存在至少一个匹配时，则返回行。

INNER JOIN 关键字语法：

SELECT column_name(s) FROM table_name1 INNER JOIN table_name2
ON table_name1.column_name=table_name2.column_name

注释：INNER JOIN 与 JOIN 是相同的。

原始的表（用在例子中的）：

"Persons"表：

Id_P	LastName	FirstName	Address	City
1	Adams	John	Oxford Street	London
2	Bush	George	Fifth Avenue	New York
3	Carter	Thomas	Changan Street	Beijing

"Orders"表：

Id_O	OrderNo	Id_P
1	77895	3
2	44678	3
3	22456	1
4	24562	1
5	34764	65

内连接（INNER JOIN）实例：

现在，我们希望列出所有人的定购。

您可以使用下面的 SELECT 语句：

SELECT Persons.LastName, Persons.FirstName, Orders.OrderNo
FROM Persons INNER JOIN Orders ON Persons.Id_P=Orders.Id_P ORDER BY
Persons.LastName

结果集：

LastName	FirstName	OrderNo
Adams	John	22456

Adams	John	24562
Carter	Thomas	77895
Carter	Thomas	44678

INNER JOIN 关键字在表中存在至少一个匹配时，则返回行。如果"Persons"中的行在"Orders"中没有匹配，就不会列出这些行。

SQL LEFT JOIN 关键字：

LEFT JOIN 关键字会从左表（table_name1）那里返回所有的行，即使在右表（table_name2）中没有匹配的行。

LEFT JOIN 关键字语法：

```
SELECT column_name(s) FROM table_name1 LEFT JOIN table_name2 ON
table_name1.column_name=table_name2.column_name
```

注释：在某些数据库中，LEFT JOIN 称为 LEFT OUTER JOIN。

原始的表（用在例子中的）：

"Persons"表：

Id_P	LastName	FirstName	Address	City
1	Adams	John	Oxford Street	London
2	Bush	George	Fifth Avenue	New York
3	Carter	Thomas	Changan Street	Beijing

"Orders"表：

Id_O	OrderNo	Id_P
1	77895	3
2	44678	3
3	22456	1
4	24562	1
5	34764	65

左连接（LEFT JOIN）实例：

现在，我们希望列出所有的人，以及他们的定购——如果有的话。

您可以使用下面的 SELECT 语句：

```
SELECT Persons.LastName, Persons.FirstName, Orders.OrderNo
FROM Persons LEFT JOIN Orders ON Persons.Id_P=Orders.Id_P ORDER BY
Persons.LastName
```

结果集：

LastName	FirstName	OrderNo
Adams	John	22456
Adams	John	24562
Carter	Thomas	77895
Carter	Thomas	44678
Bush	George	

LEFT JOIN 关键字会从左表（Persons）那里返回所有的行，即使在右表（Orders）中没有匹配的行。

SQL RIGHT JOIN 关键字：

RIGHT JOIN 关键字会从右表（table_name2）那里返回所有的行，即使在左表（table_name1）中没有匹配的行。

RIGHT JOIN 关键字语法：

SELECT column_name(s) FROM table_name1 RIGHT JOIN table_name2 ON table_name1.column_name=table_name2.column_name

注释：在某些数据库中，RIGHT JOIN 称为 RIGHT OUTER JOIN。

原始的表（用在例子中的）：

"Persons" 表：

Id_P	LastName	FirstName	Address	City
1	Adams	John	Oxford Street	London
2	Bush	George	Fifth Avenue	New York
3	Carter	Thomas	Changan Street	Beijing

"Orders" 表：

Id_O	OrderNo	Id_P
1	77895	3
2	44678	3
3	22456	1
4	24562	1
5	34764	65

右连接（RIGHT JOIN）实例：

现在，我们希望列出所有的订单，以及定购它们的——如果有的话。

您可以使用下面的 SELECT 语句：

SELECT Persons.LastName, Persons.FirstName, Orders.OrderNo FROM Persons RIGHT JOIN Orders ON Persons.Id_P=Orders.Id_P ORDER BY Persons.LastName

结果集：

LastName	FirstName	OrderNo
Adams	John	22456
Adams	John	24562
Carter	Thomas	77895
Carter	Thomas	44678
		34764

RIGHT JOIN 关键字会从右表（Orders）那里返回所有的行，即使在左表（Persons）中没有匹配的行。

SQL FULL JOIN 关键字：

只要其中某个表存在匹配，FULL JOIN 关键字就会返回行。

FULL JOIN 关键字语法：

SELECT column_name(s) FROM table_name1 FULL JOIN table_name2
ON table_name1.column_name=table_name2.column_name

注释：在某些数据库中，FULL JOIN 称为 FULL OUTER JOIN。

原始的表（用在例子中的）：

"Persons" 表：

Id_P	LastName	FirstName	Address	City
1	Adams	John	Oxford Street	London
2	Bush	George	Fifth Avenue	New York
3	Carter	Thomas	Changan Street	Beijing

"Orders" 表：

Id_O	OrderNo	Id_P
1	77895	3
2	44678	3
3	22456	1
4	24562	1
5	34764	65

全连接（FULL JOIN）实例：

现在，我们希望列出所有的人，以及他们的订单和定购它们的人。

您可以使用下面的 SELECT 语句：

```
SELECT Persons.LastName, Persons.FirstName, Orders.OrderNo
FROM Persons FULL JOIN Orders ON Persons.Id_P=Orders.Id_P ORDER BY
Persons.LastName
```

结果集:

LastName	FirstName	OrderNo
Adams	John	22456
Adams	John	24562
Carter	Thomas	77895
Carter	Thomas	44678
Bush	George	
		34764

FULL JOIN 关键字会从左表(Persons)和右表(Orders)那里返回所有的行。如果"Persons"中的行在表"Orders"中没有匹配,或者如果"Orders"中的行在表"Persons"中没有匹配,这些行同样会列出。

SQL UNION 和 UNION ALL 操作符:

SQL UNION 操作符:

UNION 操作符用于合并两个或多个 SELECT 语句的结果集。

请注意,UNION 内部的 SELECT 语句必须拥有相同数量的列,列也必须拥有相似的数据类型。同时,每条 SELECT 语句中列的顺序必须相同。

SQL UNION 语法:

```
SELECT column_name(s) FROM table_name1
UNION
SELECT column_name(s) FROM table_name2
```

注释:默认地,UNION 操作符选取不同的值。如果允许重复的值,请使用 UNION ALL。

SQL UNION ALL 语法:

```
SELECT column_name(s) FROM table_name1 UNION ALL SELECT column_name(s)
FROM table_name2
```

另外,UNION 结果集中的列名总是等于 UNION 中第一个 SELECT 语句中的列名。

下面的例子中使用的原始表:

Employees_China:

E_ID	E_Name
01	Zhang, Hua
02	Wang, Wei
03	Carter, Thomas
04	Yang, Ming

Employees_USA:

E_ID	E_Name
01	Adams, John
02	Bush, George
03	Carter, Thomas
04	Gates, Bill

使用 UNION 命令:

实例:

列出所有在中国和美国的不同的雇员名:

SELECT E_Name FROM Employees_China UNION SELECT E_Name FROM Employees_USA

结果:

E_Name
Zhang, Hua
Wang, Wei
Carter, Thomas
Yang, Ming
Adams, John
Bush, George
Gates, Bill

注释: 这个命令无法列出在中国和美国的所有雇员。在上面的例子中,我们有两个名字相同的雇员,他们当中只有一个人被列出来了。UNION 命令只会选取不同的值。

UNION ALL:

UNION ALL 命令和 UNION 命令几乎是等效的, 不过 UNION ALL 命令会列出所有的值。

SQL Statement 1 UNION ALL SQL Statement 2

使用 UNION ALL 命令:

实例:

列出在中国和美国的所有的雇员:

```
SELECT E_Name FROM Employees_China UNION ALL SELECT E_Name FROM
Employees_USA
```

结果：

E_Name
Zhang, Hua
Wang, Wei
Carter, Thomas
Yang, Ming
Adams, John
Bush, George
Carter, Thomas
Gates, Bill

SQL SELECT INTO 语句：

SQL SELECT INTO 语句可用于创建表的备份复件。

SELECT INTO 语句：

SELECT INTO 语句从一个表中选取数据，然后把数据插入另一个表中。

SELECT INTO 语句常用于创建表的备份复件或者用于对记录进行存档。

SQL SELECT INTO 语法：

您可以把所有的列插入新表：

```
SELECT * INTO new_table_name [IN externaldatabase] FROM old_tablename
```

或者只把希望的列插入新表：

```
SELECT column_name(s) INTO new_table_name [IN externaldatabase] FROM
old_tablename
```

SQL SELECT INTO 实例——制作备份复件：

下面的例子会制作"Persons"表的备份复件：

```
SELECT * INTO Persons_backup FROM Persons
```

IN 子句可用于向另一个数据库中拷贝表：

```
SELECT * INTO Persons IN 'Backup.mdb' FROM Persons
```

如果我们希望拷贝某些域，可以在 SELECT 语句后列出这些域：

```
SELECT LastName, FirstName INTO Persons_backup FROM Persons
```

SQL SELECT INTO 实例——带有 WHERE 子句：

我们也可以添加 WHERE 子句。

下面的例子是通过从"Persons"表中提取居住在"Beijing"的人的信息，创建了一个带有两个列的名为"Persons_backup"的表：

```
SELECT LastName, Firstname INTO Persons_backup FROM Persons WHERE City='Beijing'
```

SQL SELECT INTO 实例——被连接的表：

从一个以上的表中选取数据也是可以做到的。

下面的例子会创建一个名为"Persons_Order_Backup"的新表，其中包含了从 Persons 和 Orders 两个表中取得的信息：

```
SELECT Persons.LastName, Orders.OrderNo INTO Persons_Order_Backup FROM Persons INNER JOIN Orders ON Persons.Id_P=Orders.Id_P
```

SQL VIEW（视图）视图是可视化的表。

SQL CREATE VIEW 语法：

```
CREATE VIEW view_name AS SELECT column_name(s) FROM table_name WHERE condition
```

注释：视图总是显示最近的数据。每当用户查询视图时，数据库引擎通过使用 SQL 语句来重建数据。

SQL CREATE VIEW 实例：

可以从某个查询内部、某个存储过程内部，或者从另一个视图内部来使用视图。通过向视图添加函数、join 等等，我们可以向用户精确地提交我们希望提交的数据。

样本数据库 Northwind 拥有一些被默认安装的视图。视图"Current Product List"会从 Products 表列出所有正在使用的产品。这个视图使用下列 SQL 创建：

```
CREATE VIEW [Current Product List] AS SELECT ProductID, ProductName FROM Products WHERE Discontinued=No
```

我们可以查询上面这个视图：

```
SELECT * FROM [Current Product List]
```

Northwind 样本数据库的另一个视图会选取 Products 表中所有单位价格高于平均单位价

格的产品:

```
CREATE VIEW [Products Above Average Price] AS
SELECT ProductName, UnitPrice
FROM Products
WHERE UnitPrice>(SELECT AVG(UnitPrice) FROM Products)
```

我们可以像这样查询上面这个视图:

```
SELECT * FROM [Products Above Average Price]
```

另一个来自 Northwind 数据库的视图实例会计算在 1997 年每个种类的销售总数。请注意，这个视图会从另一个名为 "Product Sales for 1997" 的视图那里选取数据:

```
CREATE VIEW [Category Sales For 1997] AS
SELECT DISTINCT CategoryName, Sum(ProductSales) AS CategorySales
FROM [Product Sales for 1997]
GROUP BY CategoryName
```

我们可以像这样查询上面这个视图:

```
SELECT * FROM [Category Sales For 1997]
```

我们也可以向查询添加条件。现在，我们仅仅需要查看 "Beverages" 类的全部销量:

```
SELECT * FROM [Category Sales For 1997]
WHERE CategoryName='Beverages'
```

SQL 更新视图:

您可以使用下面的语法来更新视图:

```
SQL CREATE OR REPLACE VIEW Syntax
CREATE OR REPLACE VIEW view_name AS
SELECT column_name(s)
FROM table_name
WHERE condition
```

现在，我们希望向 "Current Product List" 视图添加 "Category" 列。我们将通过下列

SQL 更新视图:

```
CREATE VIEW [Current Product List] AS
SELECT ProductID, ProductName, Category
FROM Products
```

```
WHERE Discontinued=No
```

SQL 撤销视图：

您可以通过 DROP VIEW 命令来删除视图。

```
SQL DROP VIEW Syntax
DROP VIEW view_name
```

第3章 数据库设计与管理

3.1 数据库设计概述

数据库设计是信息系统开发和建设中的核心技术。具体来说,数据库设计是指对于一个给定的应用环境,构造最优的数据库模式,建立数据库及其应用系统,使之能够有效地存储数据,满足各种用户的应用需求(信息要求和处理要求)。这个问题是数据库在应用领域的主要研究课题。

在数据库领域内,常常把使用数据库的各类系统统称为数据库应用系统。数据库的设计和开发是一项系统工程,是涉及多学科的综合性技术。对于从事数据库设计的专业人员来讲,应该具备多方面的技术和知识。

- 数据库的基本知识和数据库设计技术。
- 计算机科学的基础知识和程序设计的方法和技巧。
- 软件工程的原理和方法。
- 应用领域的知识。

其中,应用领域的知识随着应用系统所属的领域不同而不同。数据库设计人员必须深入实际与用户密切结合,对应用环境、专业技术有具体深入的了解才能设计出符合具体领域要求的数据库应用系统。

3.1.1 数据库设计的特点

数据库设计既是一项涉及多学科的综合性技术,又是一项庞大的工程项目。有人讲"三分技术,七分管理,十二分基础数据"是数据库建设的基本规律,这是有一定道理的。数据库建设是硬件、软件和设计的结合,这是数据库设计的特点之一。这里着重讲解软件设计技术。

数据库设计应该和应用系统设计相结合。也就是说,在整个设计过程中要把结构(数据)设计和行为(处理)设计密切结合起来,这是数据库设计的特点之二。

传统的软件工程忽视对应用中数据语义的分析和抽象。例如,结构化设计方法和逐步求精的方法着重于处理过程的特性,只要有可能就尽量推迟数据结构设计的决策。这种方法显然对于数据库应用系统是不妥的。数据库模式是各应用程序共享的结构,是稳定的、永久的,不像以文件系统为基础的应用系统,文件是某一应用程序私用的。数据库设计质量的好坏直接影响系统中各个处理过程的性能和质量。

早期的数据库设计致力于数据模型和建模方法研究,注重结构特性的设计而忽视了对行为的设计。也就是说,比较重视在给定的应用环境下,采用什么原则、方法来建造数据库的结构,而没有考虑应用环境要求与数据库结构的关系。显然,结构设计与行为设计是分离的,如图3-1所示。

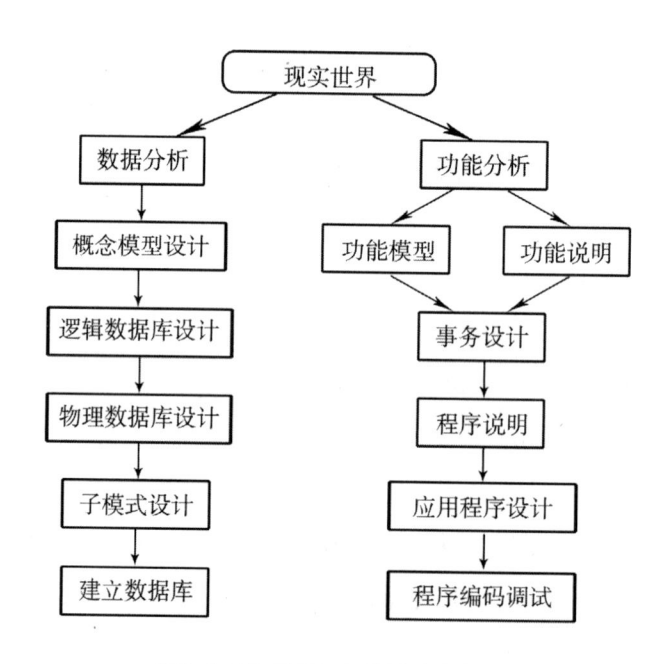

图3-1 结构设计与行为设计分离

在数据库设计中,如何把结构特性和行为特性相结合,是目前许多学者和专家进行探讨和实践面临的主要问题。

3.1.2 数据库设计方法

由于信息结构复杂,应用环境多样,在相当长的一段时期内数据库设计主要采用手工试凑法。使用这种方法与设计人员的经验和水平有直接关系,这使得数据库设计成为一种技艺而不是工程技术,缺乏科学理论和工程方法的支持,工程的质量难以保证,常常是数据库运行一段时间后就会发现各种问题,增加了系统维护的代价。十余年来,人们努力探索,提出了各种数据库设计方法。这些方法运用软件工程的思想和方法,提出了各种设计准则和规程,都属于规范设计法。

规范设计法中比较著名的有新奥尔良(New Orleans)方法。它将数据库设计分为四个阶段:需求分析(分析用户要求)、概念设计(信息分析和定义)、逻辑设计(设计实现)和物理设计(物理数据库设计)。其后,S.B.Yao等又将数据库设计分为五个步骤。I.R.Palmer等主张把数据库设计当成一步接一步的过程,并采用一些辅助手段实现每一过程。

基于E-R模型的数据库设计方法,基于3NF(第三范式)的设计方法,基于抽象语法规范的设计方法等,是在数据库设计的不同阶段上支持实现的具体技术和方法。

数据库工作者和数据库厂商一直在研究和开发数据库设计工具。经过十多年的努力,数据库设计工具已经实用化和产品化。例如,Design 2000和PowerDesigner分别是ORACLE公司和SYSBASE公司推出的数据库设计工具软件。这些工具软件可以自动地或辅助设计人员完成数据库设计过程中的很多任务。人们已经越来越认识到自动数据库设计工具的重要性,特别是大型数据库的设计需要自动设计工具的支持。人们也日益认识到数据库设计和应用设计应该同时进行,目前许多计算机辅助软件工程(Computer Aided Software Engineering, CASE)工具已经开始强调这两个方面。

3.1.3 数据库设计的基本步骤

按照规范设计的方法,考虑数据库及其应用系统开发全过程,将数据库设计分为六个阶段:需求分析、概念结构设计、逻辑结构设计、物理结构设计、数据库实施、数据库运行和维护。

在数据库设计开始之前,首先必须选定参加设计的人员,包括系统分析人员、数据库设计人员和程序员、用户和数据库管理员。系统分析和数据库设计人员是数据库设计的核心人员,他们将自始至终参与数据库设计,他们的水平决定了数据库系统的质量。用户和数据库管理员在数据库设计中也是举足轻重的,他们主要参加需求分析和数据库的运行维护。他们的积极参与不但能加速数据库设计,而且也是决定数据库设计质量的重要因素。程序员则在系统实施阶段参与进来,分别负责编制程序和准备软硬件环境。

如果所设计的数据库应用系统比较复杂,还应该考虑是否需要使用数据库设计工具和

CASE工具,以提高数据库设计质量并减少设计工作量。

(1)需求分析阶段。进行数据库设计首先必须准确了解与分析用户需求(包括数据与处理)。需求分析是整个设计过程的基础,是最困难、最耗费时间的一步。作为地基的需求分析是否做得充分与准确,直接决定了在其上构建数据库的速度与质量。需求分析做得不好,甚至会导致整个数据库设计返工重做。

(2)概念结构设计阶段。概念结构设计是整个数据库设计的关键,它通过对用户需求进行综合、归纳和抽象,形成一个独立于具体DBMS的概念模型。

(3)逻辑结构设计阶段。逻辑结构设计是将概念结构转换为某个DBMS所支持的数据模型,并对其进行优化。

(4)物理结构设计阶段。数据库物理结构设计是为逻辑数据模型选取一个最适合应用环境的物理结构(包括存储结构和存取方法)。

(5)数据库实施阶段。在数据库实施阶段,设计人员运用DBMS提供的数据语言及其宿主语言,根据逻辑设计和物理设计的结果建立数据库,编制与调试应用程序,组织数据入库,并进行试运行。

(6)数据库运行和维护阶段。数据库应用系统经过试运行后即可投入正式运行。在数据库系统运行过程中必须不断地对其进行评价、调整与修改。

设计一个完善的数据库应用系统是不可能一蹴而就的,它往往是上述六个阶段的不断反复。数据库设计各个阶段的设计描述如图3-2所示。

需要指出的是,这个设计步骤既是数据库设计的过程,又包括了数据库应用系统的设计过程。在设计过程中应把数据库的设计和对数据库中数据处理的设计紧密结合起来,并将这两个方面的需求分析、抽象、设计及实现等都同时进行,相互参照,相互补充,以完善两方面的设计。事实上,如果不了解应用环境对数据的处理要求,或没有考虑如何去实现这些处理要求,是不可能设计一个良好的数据库结构的。

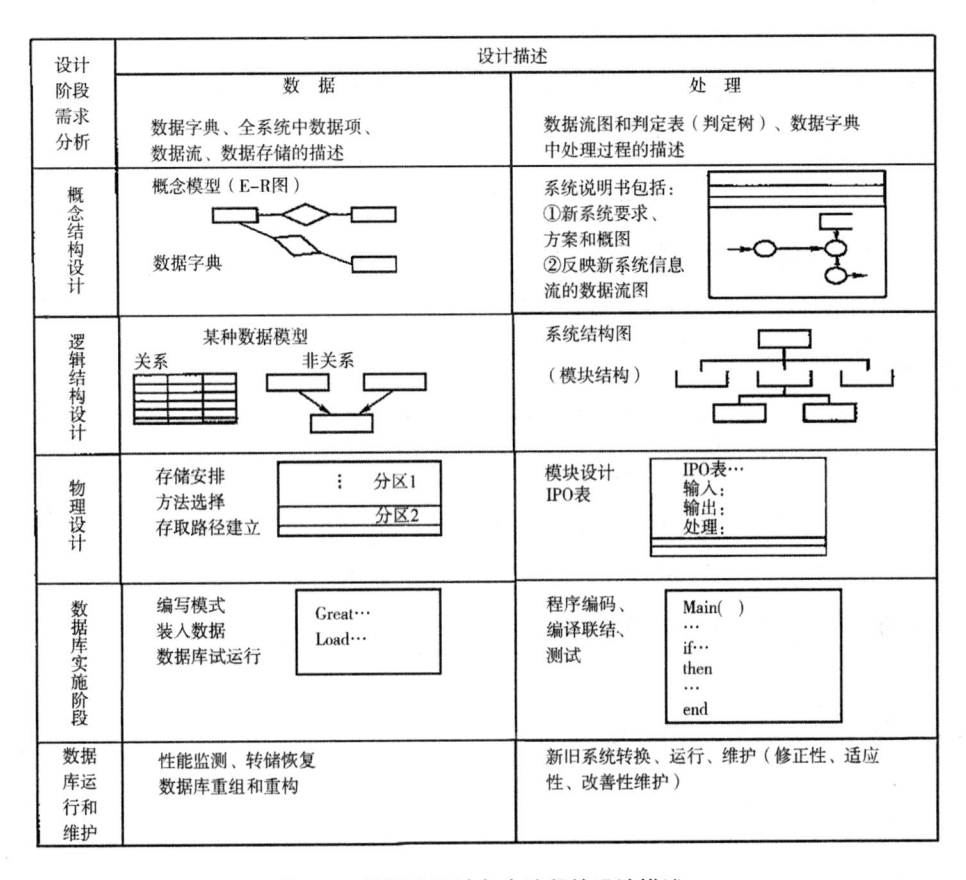

设计阶段	设计描述	
	数据	处理
需求分析	数据字典、全系统中数据项、数据流、数据存储的描述	数据流图和判定表（判定树）、数据字典中处理过程的描述
概念结构设计	概念模型（E-R图） 数据字典	系统说明书包括： ①新系统要求、方案和概图 ②反映新系统信息流的数据流图
逻辑结构设计	某种数据模型 关系　　非关系	系统结构图 （模块结构）
物理设计	存储安排 方法选择 存取路径建立 分区1／分区2	模块设计 IPO表 IPO表… 输入： 输出： 处理：
数据库实施阶段	编写模式 装入数据 数据库试运行 Great… Load…	程序编码、编译联结、测试 Main( ) … if… … end
数据库运行和维护	性能监测、转储恢复 数据库重组和重构	新旧系统转换、运行、维护（修正性、适应性、改善性维护）

图3-2　数据库设计各个阶段的设计描述

3.2 需求分析

需求分析，简单地说就是分析用户的要求。需求分析是设计数据库的起点，需求分析的结果是否能准确地反映用户的实际要求，将直接影响到后面各个阶段的设计，并影响到设计结果是否合理和实用。

3.2.1 需求分析的任务

需求分析的任务是通过详细调查现实世界要处理的对象（组织、部门、企业等），充分了解原系统（手工系统或计算机系统）工作概况，明确用户的各种需求，然后在此基础上确定新系统的功能。新系统必须充分考虑今后可能的扩充和改变，不能仅仅按当前应用需求来设计数据库。

调查的重点是"数据"和"处理",通过调查、收集与分析,获得用户对数据库的如下要求:

(1) 信息要求:是指用户需要从数据库中获得信息的内容与性质。由信息要求可以导出数据要求,即在数据库中需要存储哪些数据。

(2) 处理要求:是指用户要完成什么处理功能,对处理的响应时间有什么要求,处理方式是批处理还是联机处理。

(3) 安全性与完整性要求。确定用户的最终需求是一件很困难的事,这是因为一方面用户缺少计算机知识,开始时无法确定计算机究竟能为自己做什么,不能做什么,因此往往不能准确地表达自己的需求,所提出的需求往往不断地变化。另一方面,设计人员缺少用户的专业知识,不易理解用户的真正需求,甚至误解用户的需求。因此,设计人员必须不断深入地与用户交流,才能逐步确定用户的实际需求。

3.2.2 需求分析的方法

进行需求分析首先是调查清楚用户的实际要求,与用户达成共识,然后分析与表达这些需求。调查用户需求的具体步骤如下:

(1) 调查组织机构情况,包括了解该组织的部门组成情况、各部门的职责等,为分析信息流程做准备。

(2) 调查各部门的业务活动情况,包括了解各个部门输入和使用什么数据,如何加工处理这些数据,输出什么信息,输出到什么部门,输出结果的格式是什么,这是调查的重点。

(3) 在熟悉业务活动的基础上,协助用户明确对新系统的各种要求,包括信息要求、处理要求、安全性与完整性要求,这是调查的又一个重点。

(4) 确定新系统的边界。对前面调查的结果进行初步分析,确定哪些功能由计算机完成或将来准备让计算机完成,哪些活动由人工完成。由计算机完成的功能就是新系统应该实现的功能。

在调查过程中可以根据不同的问题和条件,使用不同的调查方法。常用的调查方法如下:

(1) 跟班作业。通过参加业务工作来了解业务活动的情况。这种方法可以比较准确地理解用户的需求,但比较耗费时间。

(2) 开调查会。通过与用户座谈来理解业务活动情况及用户需求。在座谈时,参加者之间可以相互启发。

(3) 请专人介绍。

(4) 询问。对某些调查中的问题,可以找专人询问。

(5) 设计调查表请用户填写。如果调查表设计合理,这种方法就很有效,也易于为用户接受。

(6) 查阅记录。查阅与原系统有关的数据记录。

做需求调查时,往往需要同时采用上述多种方法。但无论使用何种调查方法,都必须有用户的积极参与和配合。

在调查了解了用户需求以后,还需要进一步分析和表达用户的需求。在众多的分析方法中,结构化分析(Structured Analysis,SA)方法是一种简单实用的方法。SA方法从最上层的系统组织机构入手,采用自顶向下、逐层分解的方式分析系统。

3.2.3 数据字典

数据流图表达了数据和处理的关系,数据字典则是系统中各类数据描述的集合,是进行详细的数据收集和数据分析所获得的主要成果。数据字典在数据库设计中占有很重要的地位。

数据字典通常包括数据项、数据结构、数据流、数据存储和处理过程五个部分。其中数据项是数据的最小组成单位,若干个数据项可以组成一个数据结构,数据字典通过对数据项和数据结构的定义来描述数据流、数据存储的逻辑内容。数据项和数据结构是数据字典中最重要的两个部分,它们描述了数据模式中数据的类型、特性及数据之间的组合关系。以下仅简述数据项及数据结构基本概念。

(1) 数据项。数据项是不可再分的数据单位。对数据项的描述通常包括以下内容:

数据项描述={数据项名,数据项含义说明,别名,数据类型,长度,取值范围,取值含义,与其他数据项的逻辑关系,数据项之间的联系}

其中"取值范围"、"与其他数据项的逻辑关系"(例如,该数据项等于其他几个数据项的和,该数据项值等于另一数据项的值等)定义了数据的完整性约束条件,是设计数据检验功能的依据。

可以关系规范化理论为指导,用数据依赖的概念分析和表示数据项之间的联系。也就是说,按实际语义写出每个数据项之间的数据依赖,它们是数据库逻辑设计阶段数据模型优化的依据。

[例1]学生学籍管理子系统的数据字典中的数据项,以"学号"为例。

数据项:学号;

含义说明:唯一标识每个学生;

别名:学生编号;

类型:字符型;

长度:7;

取值范围:0000000~9999999;

取值含义:前两位标识该学生所在年级,后五位为顺序编号。

(2)数据结构。数据结构反映了数据之间的组合关系。一个数据结构可以由若干个数据项组成,也可以由若干个数据结构组成,或由若干个数据项和数据结构混合组成。对数据结构的描述通常包括以下内容:

数据结构描述={数据结构名,含义说明,组成:数据项或数据结构}

[例2]学生学籍管理子系统的数据字典中的数据结构,以"学生"为例。

"学生"是该系统中的一个核心数据结构。

数据结构:学生;

含义说明:是学籍管理子系统的主体数据结构,定义了一个学生的有关信息;

组成:学号、姓名、性别、年龄、所在系、年级;

注意:数据字典是关于数据库中数据的描述,即元数据,而不是数据本身。

数据字典是在需求分析阶段建立的,是在数据库设计过程中不断修改、充实、完善的。

明确地把需求收集和分析作为数据库设计的第一阶段是十分重要的。这一阶段收集到的基础数据(用数据字典来表达)和一组数据流图(Data Flow Diagram, DFD)是下一步进行概念设计的基础。

需要强调以下两点:

1)需求分析阶段中一个重要而困难的任务是收集将来应用所涉及的数据,设计人员应充分考虑到可能的扩充和改变,使设计易于更改,系统易于扩充。

2)必须强调用户的参与,这是数据库应用系统设计的特点。数据库应用系统和广泛的用户有密切的联系,许多人需要使用数据库。数据库的设计和建立又可能对更多人的工作环境产生重要影响。因此,用户的参与是数据库设计不可分割的一部分。在数据分析阶段,任何调查研究没有用户的积极参加都是寸步难行的。设计人员应该取得用户的信任,帮助不熟悉计算机的用户建立数据库环境下的共同概念,并对设计工作的最后结果承担共同的责任。

3.3 概念结构设计

将需求分析得到的用户需求抽象为信息结构（即概念模型）的过程就是概念结构设计，它是整个数据库设计的关键。

3.3.1 概念结构设计的特点

在需求分析阶段所得到的应用需求应该首先抽象为信息世界的结构，才能更好地、更准确地用某一DBMS实现这些需求，这就是概念结构设计。

概念结构是各种数据模型的共同基础，它比数据模型更独立于机器、更抽象，从而更加稳定，因此，概念结构设计是整个数据库设计的关键。

概念结构的主要特点如下：

（1）能真实、充分地反映现实世界，包括事物和事物之间的联系，能满足用户对数据的处理要求，是对现实世界的一个真实模型。

（2）易于理解，可以用它和不熟悉计算机的用户交换意见，用户的积极参与是数据库设计成功的关键。

（3）易于更改，当应用环境和应用要求改变时，容易对概念模型修改和扩充。

（4）易于向关系、网状、层次等各种数据模型转换。

描述概念模型的有力工具是E-R模型。下面将用E-R模型来描述概念结构。

3.3.2 概念结构设计的方法与步骤

概念结构设计通常应用四种方法：

（1）自顶向下。即首先定义全局概念结构的框架，然后逐步细化，如图3-3所示。

（2）自底向上。即首先定义各局部应用的概念结构，然后将它们集成起来，得到全局概念结构，如图3-4所示。

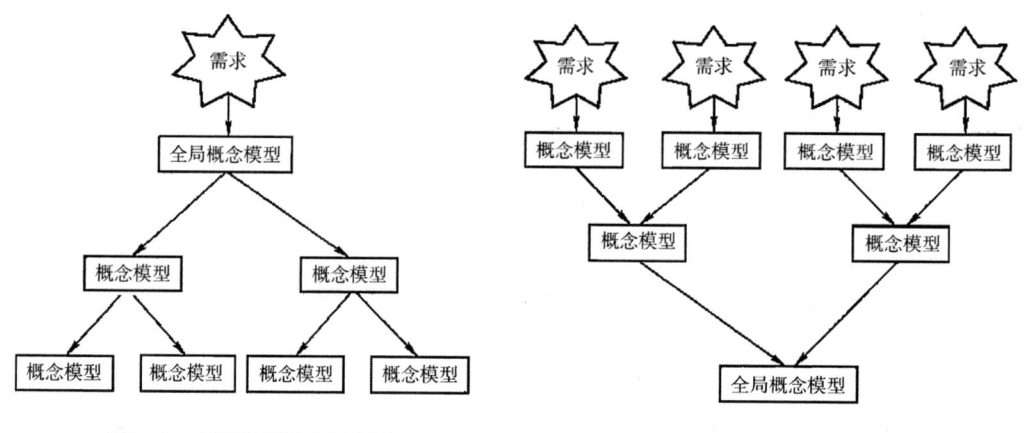

图3-3　自顶向下策略示意图　　　　　图3-4　自底向上策略示意图

（3）逐步扩张。即首先定义最重要的核心概念结构，然后向外扩充，以滚雪球的方式逐步生成其他概念结构，直至总体概念结构，如图3-5所示。

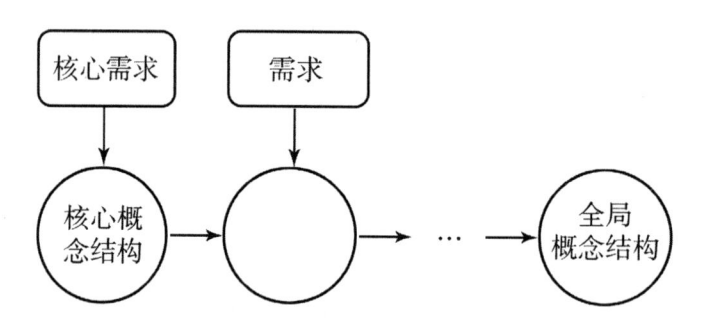

图3-5　逐步扩张策略示意图

（4）混合策略。即将自顶向下和自底向上相结合，用自顶向下策略设计一个全局概念结构的框架，以它为骨架集成由自底向上策略中设计的各局部概念结构。经常采用的策略是自底向上方法，即自顶向下地进行需求分析，然后再自底向上地设计概念架构，如图3-6所示。

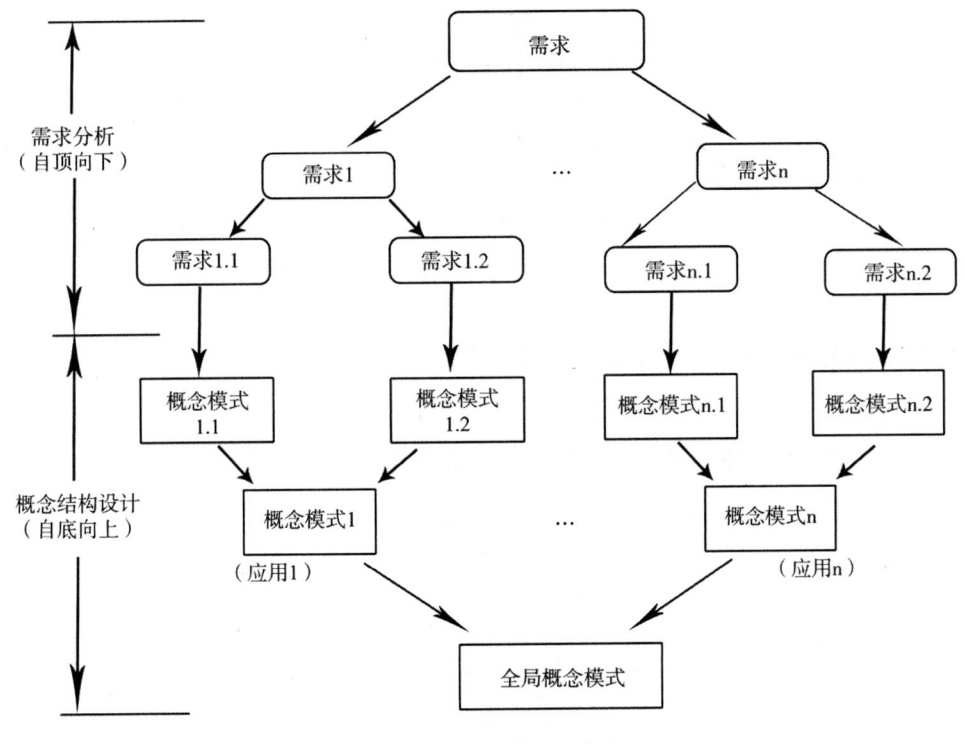

图3-6 混合策略示意图

3.3.6 数据抽象与局部视图设计

概念结构是对现实世界的一种抽象。所谓抽象，是对实际的人、物、事和概念进行人为处理，抽取所关心的是共同特性，忽略非本质的细节，并把这些特性用各种概念精确地加以描述，这些概念组成了某种模型。

3.3.6.1 数据抽象

常用的抽象方法有三种。

（1）分类（Classification）。分类是定义某一类概念作为现实世界中一组对象的类型，这些对象具有共同的特性和行为。它抽象了对象值和型之间的"is member of"的语义。在E-R模型中，实体就是这种抽象，即某一类事物用一个视图型来表示。因为一个实体型实际上代表了一组具体的事物。例如，张英、王平等都是学生的一个个体，但所有学生有共同的属性和行为。那么可以定义一个"学生"实体，就是对所有具体的学生的一个抽象，如图3-7所示。

图3-7 分类实例

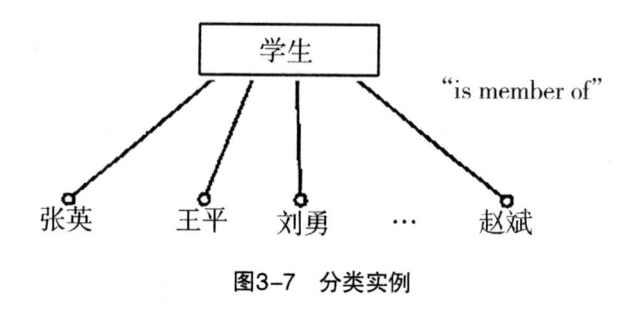

（2）聚集（Aggregation）。聚集是定义某一类型的组成成分，它抽象了对象内部类型和成分之间的"is part of"的语义。实体是由若干相关属性组成的，或者说，若干属性的聚集组成了实体型。属性用来描述事物的特性。聚集实例如图3-8所示。

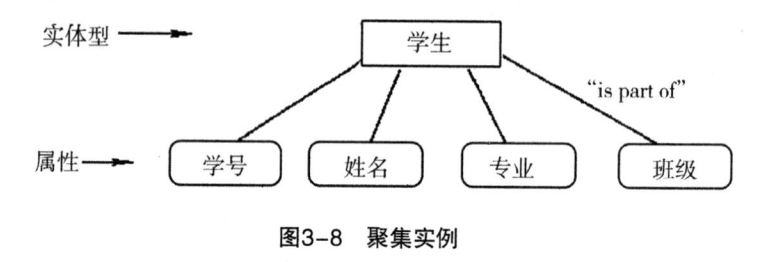

图3-8 聚集实例

（3）概括（Generalization）。概括是定义类型之间的一种子集联系。它抽象了类型之间的"is subset of"的语义。例如，学生是一个实体型。本科生和研究生也是一个实体型。本科生、研究生是学生的子集。将学生称为超类，本科生和研究生称为学生的子类。概括有一个很重要的性质：继承性。实际上也可以称本科生、研究生和学生之间存在继承关系，如图3-9所示。

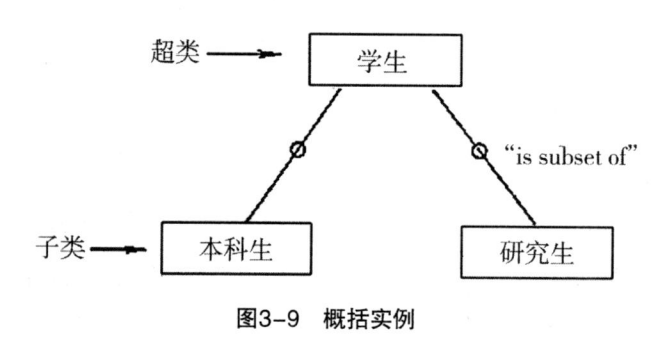

图3-9 概括实例

3.3.6.2 局部设计视图

设计局部E-R图的一般步骤：一是选择局部应用，二是逐一设计分E-R图。

（1）选择局部应用。选择局部应用一般在多层的数据流图中选择一个适当层次的数据流图，作为设计分E-R图的出发点，一般以中层数据流图作为设计分E-R图的依据，如图3-10

所示。

图3-10 设计分E-R图的出发点

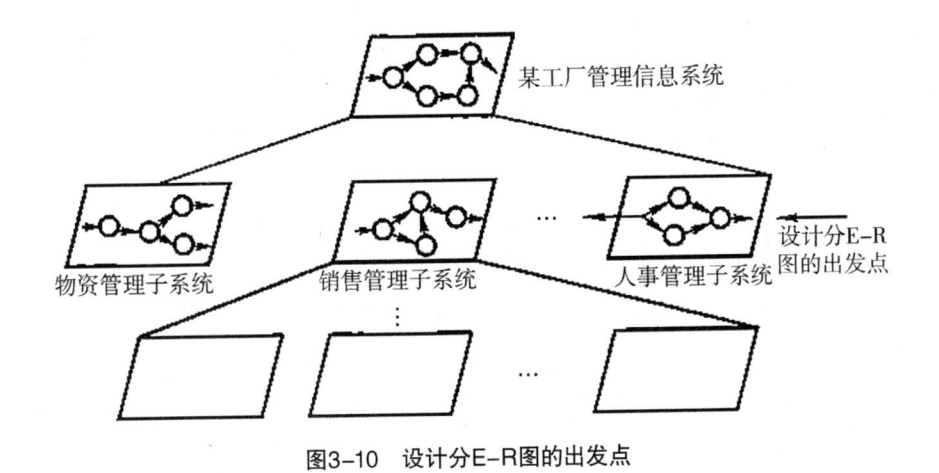

（2）逐一设计分E-R图。

1）逐一设计的任务如下：

①将各局部应用涉及的数据分别从数据字典中抽取出来。

②参照数据流图，确定各局部应用中的实体、实体的属性。

③确定实体之间的联系及其类型（1:1、1:n、m:n）。

2）逐一设计的准则如下：

①属性不能再具有需要描述的性质，即属性必须是不可分的数据项，不能再由另一些属性组成。

②属性不能与其他实体具有联系，联系只发生在实体之间。

[例3] 设计的准则实例。病人住在唯一的病房中，病房号可以作为病人的一个属性。但是一个病房与其他实体也有关系，如医生负责特定的几个病房，这样，病人的属性就与其他实体存在联系。按照这个规则，就将病房作为一个实体看待，如图3-11所示。

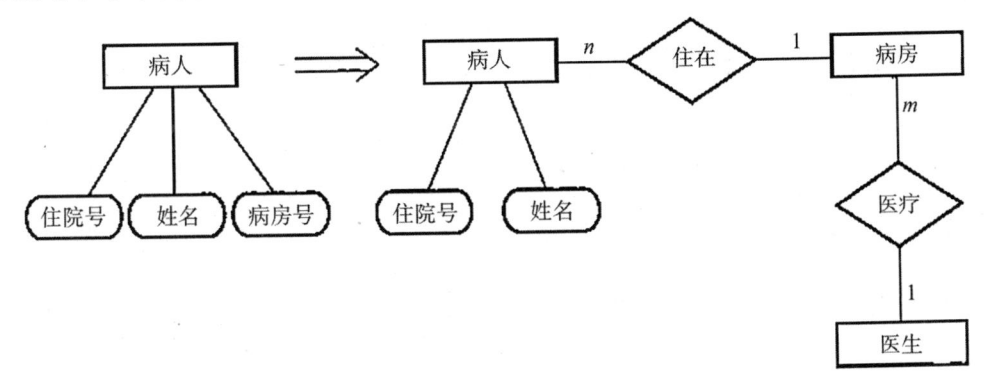

图3-11 例[3]示意图

[例4]销售管理子系统分E-R图的设计。

销售管理子系统的主要功能如下：

1）处理顾客和销售员送来的订单。

2）工厂是根据订货安排生产的。

3）交出货物同时开出发票。

4）收到顾客付款后，根据发票存根和信贷情况进行应收款处理。

图3-12是销售管理子系统的第一层数据流图，点画线为系统的边界。

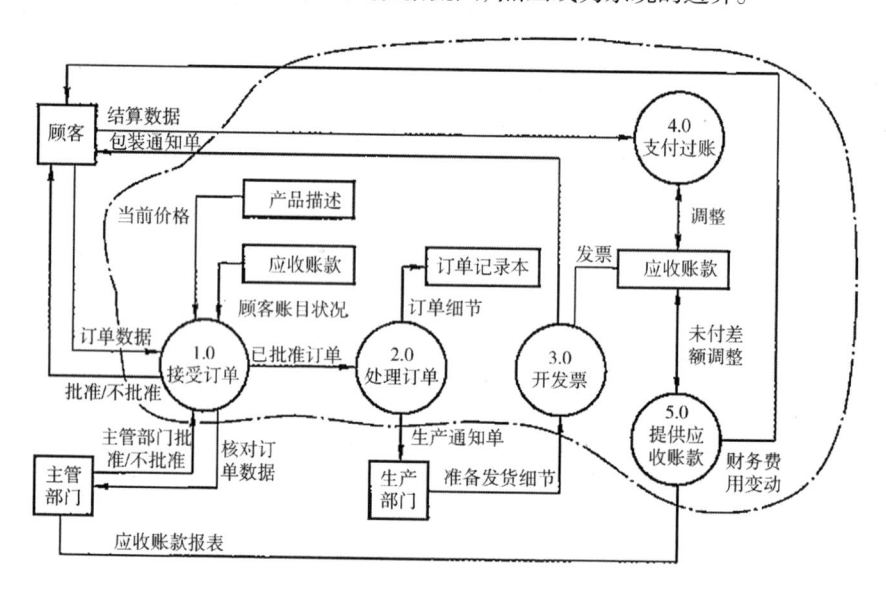

图3-12 销售管理子系统的第一层数据流图

图3-12中把系统功能又分为四个子系统。图3-13至图3-16分别为四个子系统的数据流图，是销售管理子系统的第二层数据流图。

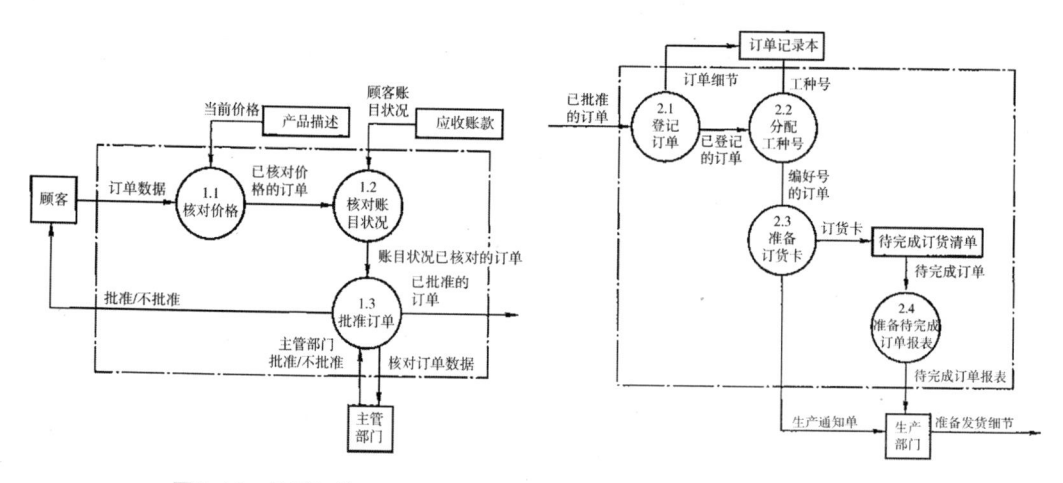

图3-13 接受订单   **图3-14 处理订单**

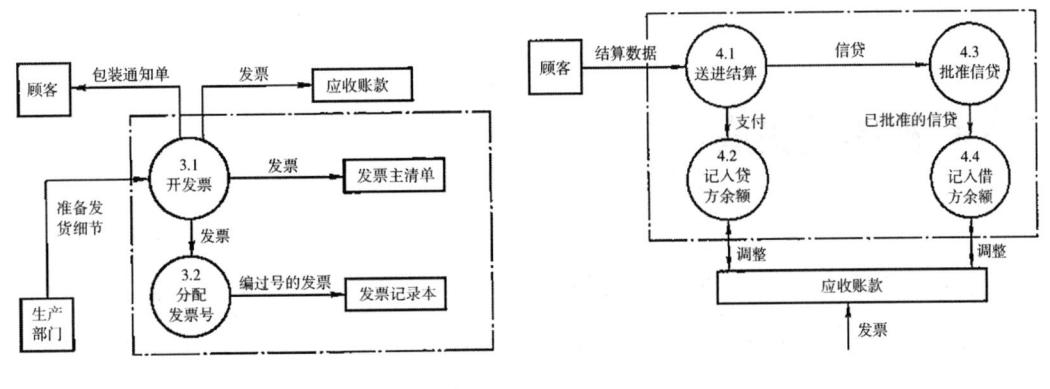

图3-15 开发票图

3-16 支付过账

根据数据流图可以得出如图3-17所示的销售管理子系统分E-R图的框架。分析E-R图的框架可以看出订单作为订货收款和生产的依据很重要，因为一张订单可以订若干产品，应该把订单分解为两个实体——订单与订单细节。订单与订单细节是1:n的联系，原订单和产品的联系实际上是订单细节和产品的联系。修改后的销售管理子系统分E-R图如图3-18所示。

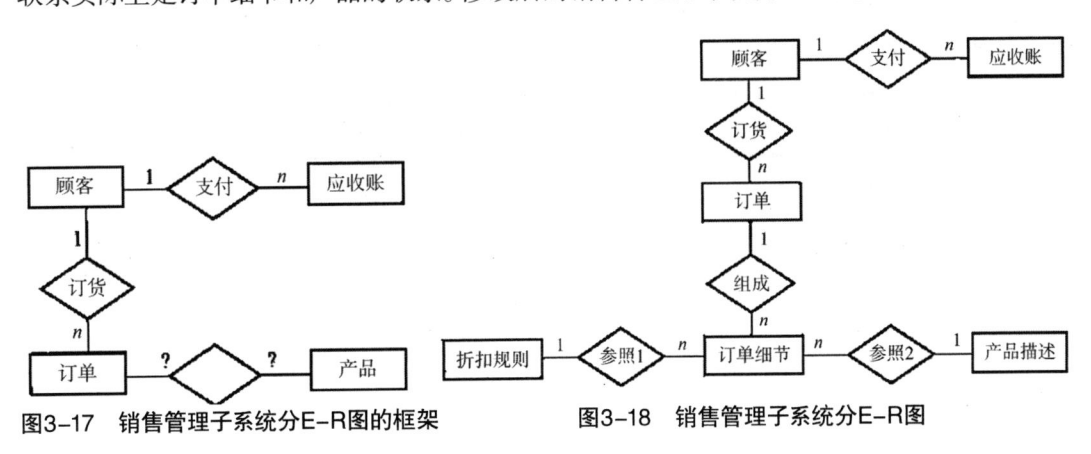

图3-17 销售管理子系统分E-R图的框架

图3-18 销售管理子系统分E-R图

对每个实体的定义的属性如下：

顾客：{顾客号，顾客名，地址，电话，信贷状况，账目余额}

订单：{订单号，顾客号，订货项数，订货日期，交货日期，工种号，生产地点}

订单细节：{订单号，细则号，零件号，订货数，金额}

应收账款：{顾客号，订单号，发票号，应收金额，支付日期，支付金额，当前余额，货款限额}

产品描述：{产品号，产品名，单价，重量}

折扣规则：{产品号，订货量，折扣}

3.4 视图的集成

无论采取何种概念结构设计方法，都存在各局部应用的概念结构和全局概念结构的集成问题。本节介绍在各子系统的分E-R图设计好以后，如何将所有的分E-R图综合成一个系统的总E-R图的方法。主要采取的方法有两种：一是多个分E-R图一次集成，二是逐步集成。

3.4.1 多个分E-R图一次集成

此方法将所有的分E-R图合并为初步的E-R图，再将初步的E-R图调整为基本的E-R图，如图3-19所示。此方法复杂、难度大，仅适用于局部视图比较简单的情况。

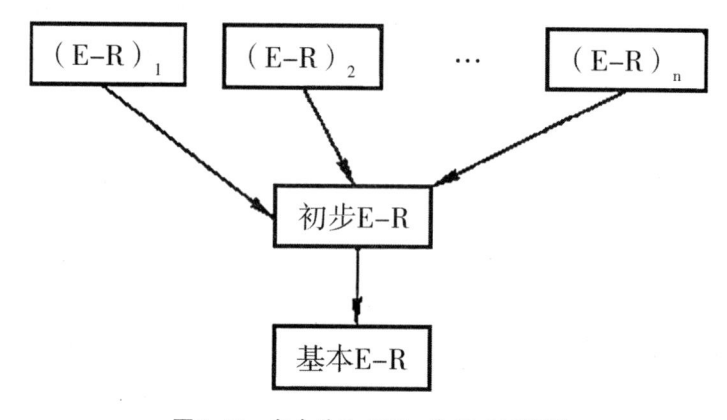

图3-19 多个分E-R图一次集成示意图

3.4.2 逐步集成

此方法用累加的方式一次集成两个分E-R图，一步一步地将所有的分E-R图合并为一个初步的E-R图后，再将初步的E-R图调整为基本的E-R图。在累加合并的过程中，由于各分E-R图中存在冲突，因此，在合并过程中还必须不断地消除冲突、修改和重构。消除不必要的冗余，最后得到一个基本的E-B图。逐步集成示意图如图3-20所示。

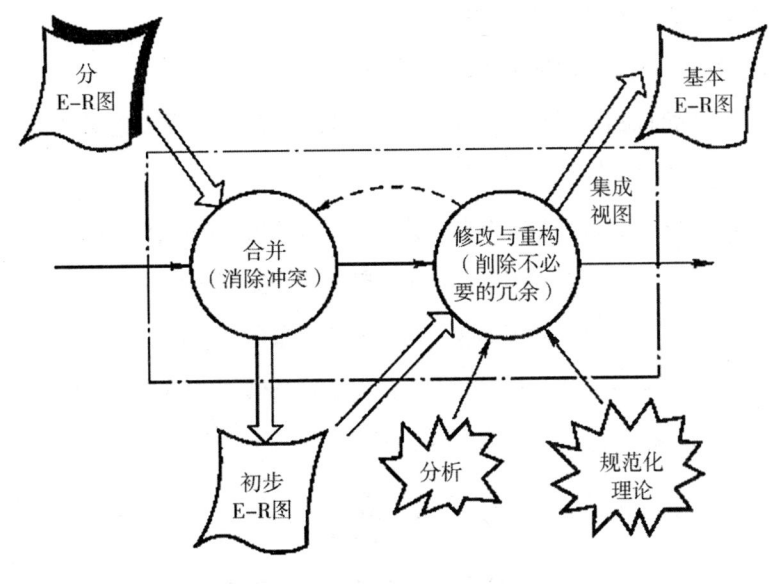

图3-20 逐步集成示意图

（1）合并分E-R图，生成初步的E-R图，在合并分E-R图时有可能存在冲突，在合并过程中必须消除这些冲突。冲突的类型主要有属性冲突、命名冲突和结构冲突。

1）属性冲突。

①属性域冲突：属性的类型、取值范围或取值集合不同。例如，零件号，有的小组定义为整数，有的小组定义为字符型。

②属性取值单位冲突：重量单位有的用kg，有的用g。

2）命名冲突。

①同名异义：不同意义的对象在不同的局部应用中具有相同的名字。例如，局部应用A中将教室称为房间，局部应用B中将学生宿舍称为房间。

②异名同义（一义多名）：同一意义的对象在不同的局部应用中具有不同的名字。如，有的部门把教科书称为课本，有的部门则把教科书称为教材。

3）结构冲突。

①同一对象在不同应用中具有不同的抽象。例如，职工在一个应用中作为某一个实体的属性，而在另外一个应用中作为实体。又如，课程在某一局部应用中被当做实体，在另一局部应用中则被当做属性。

②同一实体在不同分E-R图中所包含的属性个数和属性排列次序不完全相同。

③实体之间的联系在不同局部视图中呈现不同的类型。例如，实体E1与E2在局部应用A中是多对多联系，而在局部应用B中是一对多联系。又如，在局部应用x中E1与E2发生联系，而

在局部应用Y中E1、E2、E3三者之间有联系。

(2) 消除不必要的冗余，设计基本E-R图。

在合并分E-R图时还有可能存在不必要的冗余，在合并过程中也必须消除这些不必要的冗余。冗余包括冗余的数据和冗余的联系。

冗余的数据是指可由基本数据导出的数据。例如，产品库存记录中有产品号码、单价、数量、金额。因为金额可以由数量乘以单价计算出来，所以，金额是冗余的属性。或者这个属性可以由其他表的某些属性推导得到，这个属性也是冗余的。

冗余的联系是指可由其他联系导出的联系。产品和材料之间的联系就是冗余联系。消除了Q_3冗余属性，也就消除了冗余联系，如图3-21所示。

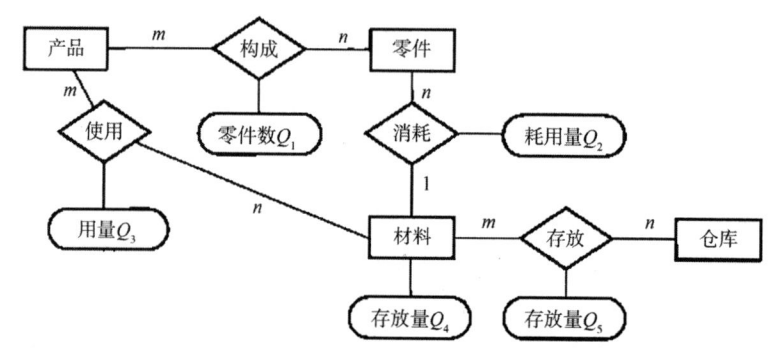

图3-21 消除冗余实例

冗余数据和冗余联系容易破坏数据库的完整性，给数据库维护增加困难。消除冗余的方法可以应用规范化理论来实现。

[例5] 某工厂管理信息系统的视图集成。图3-22至图3-24分别为物资管理、销售管理与人事管理分E-R图，图3-25为集成后的管理信息系统的基本E-R图。

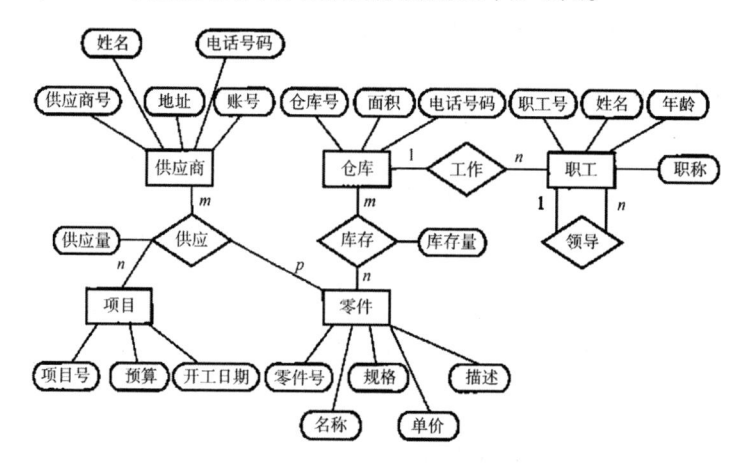

图3-22 某工厂物资管理分E-R图

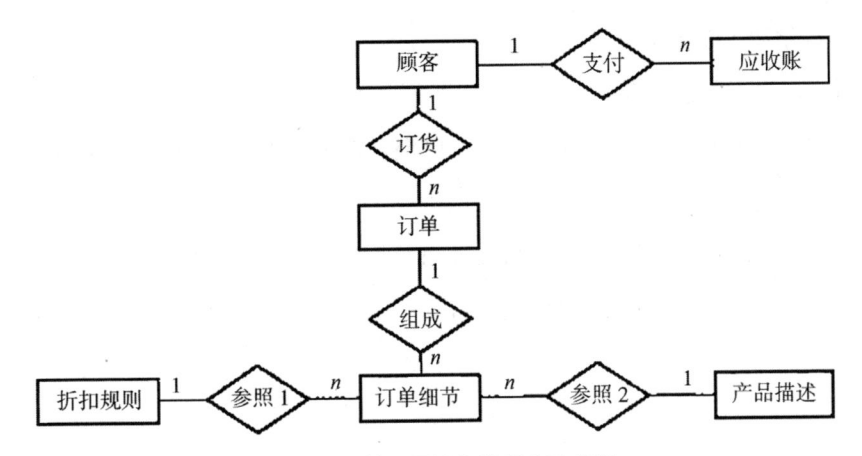

图3-23 某工厂销售管理分E-R图

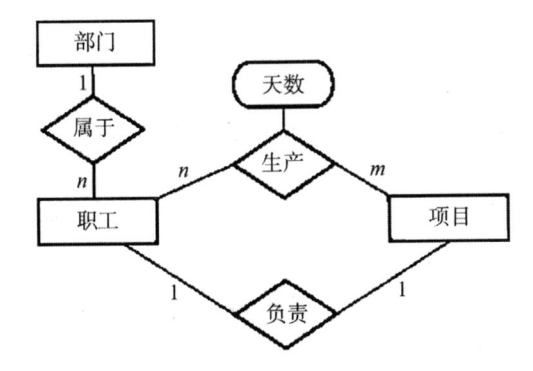

图3-24 某工厂人事管理分E-R图

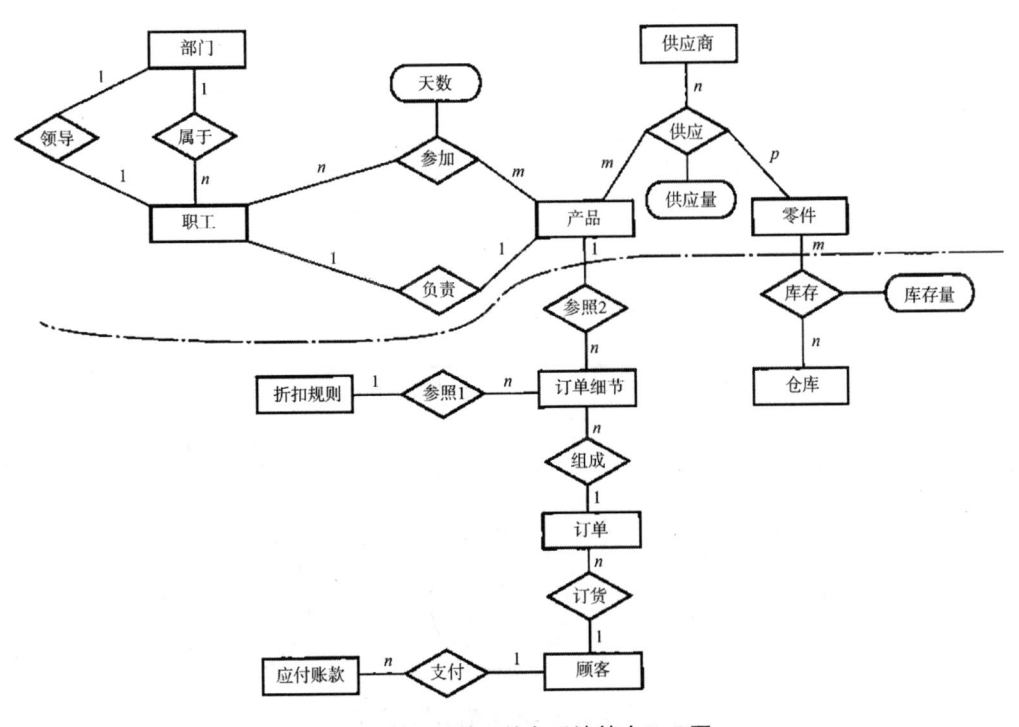

图3-25 某工厂管理信息系统基本E-R图

集成过程解决了以下问题:

(1)异名同义,项目和产品含义相同。

(2)库存管理中职工与仓库的工作关系已包含在劳动人事管理的部门与职工之间的联系之中,所以可以取消。

(3)职工之间领导与被领导关系可由部门与职工(经理)之间的领导关系、部门与职工之间的从属关系两者导出,所以也可以取消。

3.5 逻辑结构设计

概念结构是独立于任何一种数据模型的信息结构。逻辑结构设计的任务就是把概念结构设计阶段设计好的基本E-R图转换为与选用DBMS产品所支持的数据模型相符合的逻辑结构。

从理论上讲,逻辑结构设计应该根据相应的概念结构数据模型来进行,首先对支持这种数据模型的各种DBMS进行比较,从中选出最合适的DBMS。但实际情况往往是已给定了某种DBMS,设计人员没有选择的余地。目前,DBMS产品一般支持关系、网状、层次三种模型中的某一种,对某一种数据模型,各个机器系统又有许多不同的限制,提供不同的环境与工具。所以,设计逻辑结构时一般要分三个步骤进行。

(1)将概念结构转换为一般的关系、网状、层次模型。

(2)将转换来的关系、网状、层次模型向特定DBMS支持下的数据模型转换。

(3)对数据模型进行优化。

逻辑结构设计步骤如图3-26所示。

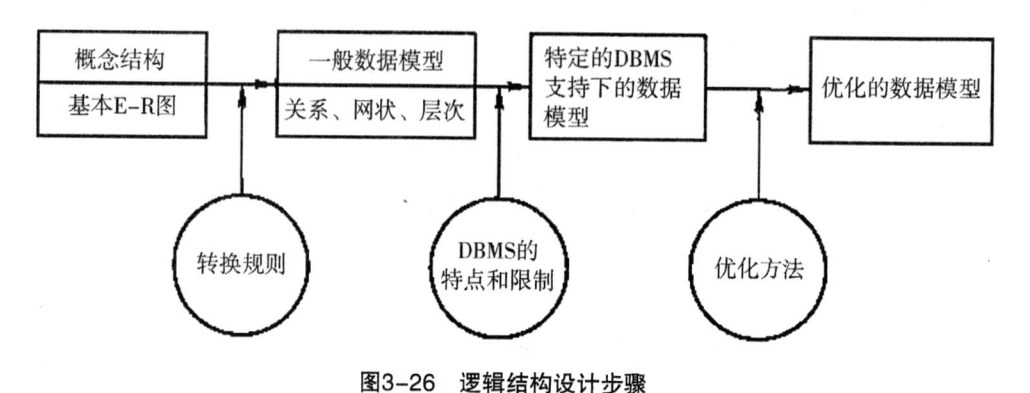

图3-26 逻辑结构设计步骤

3.5.1 E-R 图向关系模型的转换

E-R图向关系模型的转换要解决的问题是如何将实体和实体间的联系转换为关系模式,如何确定这些关系模式的属性和码。

关系模型的逻辑结构是一组关系模式的集合。E-R图则是由实体、实体的属性和实体之间的联系三个要素组成的。所以,将E-R图转换为关系模型实际上就是要将实体、实体的属性和实体之间的联系转换为关系模式,这种转换一般遵循如下原则。

一个实体型转换为一个关系模式。实体的属性就是关系的属性,实体的码就是关系的码。而实体间的联系则由于有不同的情况,所以有不同的转换方式,具体方法如下:

(1)一个1:1联系。可以转换为一个独立的关系模式,也可以与任意一端对应的关系模式合并。如果转换为一个独立的关系模式,则与该联系相连的各实体的码以及联系本身的属性均转换为关系的属性,每个实体的码均是该关系的候选码。如果与某一端实体对应的关系模式合并,则需要在该关系模式的属性中加入另一个关系模式的码和联系本身的属性。

(2)一个1:n联系。可以转换为一个独立的关系模式,也可以与n端对应的关系模式合并。此时将"1"方的主码置入"n"方关系中作为外码,把联系的属性也置入"n"方。

[例6] 仓库和产品两个实体及它们之间联系的E-R图,如图3-27所示。

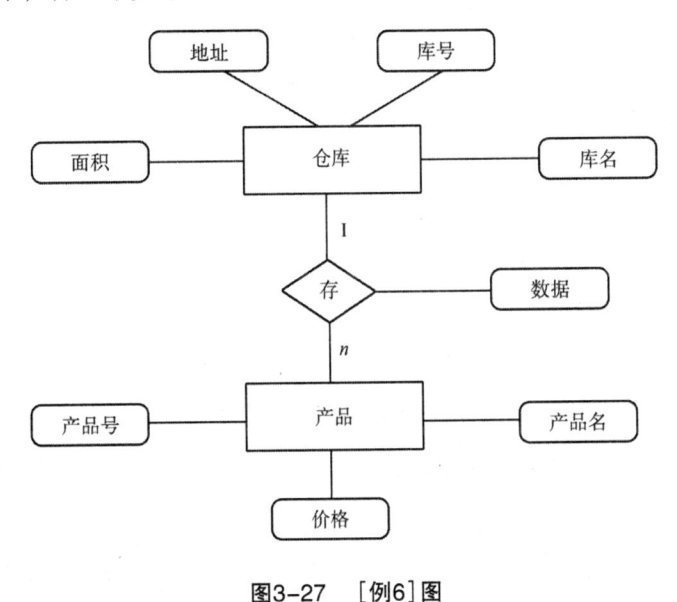

图3-27 [例6]图

把这个E-R图转换成关系模式为:

仓库(库号,库名,地址,面积);

产品(产品号,产品名,价格,库号,数量);

产品关系模式中的"库号"属于外码。

如果转换为一个独立的关系模式,则与该联系相连的各实体的码,以及联系本身的属性均转换为关系的属性,而关系的码为n端实体的码。

(3)一个$m:n$联系。联系必须单独建立一个关系模式,用于联系双方的实体。在该关系的属性中至少包括两个所联系实体的码,并把两个码作为单独建立关系的码,把联系本身的属性转换为单独建立关系的属性。

[例7]学生与选课及联系的E-R图,如图3-28所示。

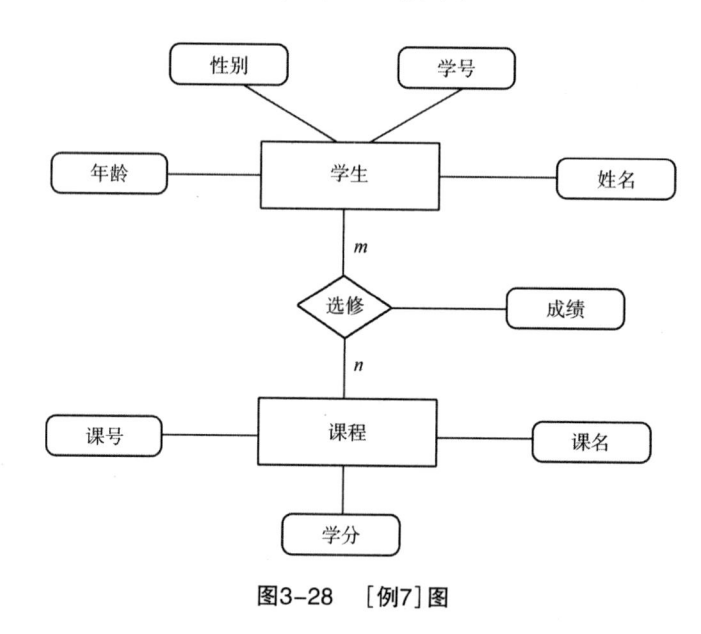

图3-28　[例7]图

把这个E-R图转换成关系模式为:

学生(学号,姓名,性别,年龄);

课程(课号,课名,学分);

选修(学号,课号,成绩)。

(4)3个或3个以上实体间的一个多元联系可以转换为一个关系模式。与该多元联系相连的各实体的码,以及联系本身的属性均转换为关系的属性,而关系的码为各实体码的组合。

[例8]在图3-25中,联系"供应"是属于3个实体间的多元联系,则它所对应的关系模式为:

供应(产品号,供府商号,零件号,供应量)。

(5)具有相同码的关系模式可合并。合并的目的是减少系统中的关系个数,合并方法为将其中一个关系模式的全部属性加入到另一个关系模式中,然后去掉其中的同义属性(可能同名也可能不同名),并适当调整属性的次序。

形成了一般的数据模型后,下一步就是向特定的RDBMS模型转换。设计人员必须熟悉所用RDBMS的功能与限制。这一步是依赖于机器的,不能给出一个普遍的规则。但对于关系模型来说,这种转换通常都比较简单,不会有太多的困难。

3.5.2 数据模型的优化

数据库逻辑设计的结果不是唯一的。为了进一步提高数据库应用系统的性能,还应该根据应用需要适当地修改、调整数据模型的结构,这就是数据模型的优化。关系数据模型的优化通常以规范化理论为指导,具体方法如下:

(1)确定数据依赖。在前面已讲到用数据依赖分析和表示数据项之间的联系,写出每个数据项之间的数据依赖。如果需求分析阶段没有来得及做,可以现在补做,即按需求分析阶段所得到的语义,分别写出每个关系模式内部各属性之间的数据依赖,以及不同关系模式属性之间的数据依赖。

(2)对各个关系模式之间的数据依赖进行极小化处理,消除冗余的联系,具体方法已在前面讲过。

(3)按照数据依赖的理论对关系模式逐一进行分析,考察是否存在部分函数依赖、传递函数依赖、多值依赖等,确定各关系模式分别属于第几范式。

(4)按照需求分析阶段得到的处理要求,分析对于这样的应用环境这些模式是否合适,确定是否要对某些模式进行合并及分解。

必须注意的是,并不是规范化程度越高的关系就越强。例如,当查询经常涉及两个或多个关系模式的属性时,系统经常进行连接运算。连接运算的代价是相当高的,可以说关系模型低效的主要原因就是连接运算引起的。这时可以考虑将这几个关系合并为一个关系。因此在这种情况下,第二范式甚至第一范式也许是合适的。一般说来,第三范式就足够了。

又如,非BCNF的关系模式虽然从理论上分析会存在不同程度的更新异常或冗余,但如果在实际应用中对此关系模式只是查询,并不执行更新操作,就不会产生实际影响。所以对于一个具体应用来说,到底规范化到什么程度,需要在权衡响应时间和潜在问题两者的利弊后决定。

(5)对关系模式进行必要的分解,提高数据操作的效率和存储空间的利用率。常用的分解方法是水平分解和垂直分解。

水平分解是把(基本)关系的元组分为若干子集合,定义每个子集合为一个子关系,以提高系统的效率。在一个大关系中，经常被使用的数据只是关系的一部分，约为20%，可以把经常使用的数据分解出来，形成一个子关系。如果关系R上具有n个事务，而且多数事务存取的数据不相交，则R可分解为少于或等于n个子关系，使每个事务存取的数据对应一个关系。

垂直分解是把关系模式R的属性分解为若干子集合，形成若干子关系模式。垂直分解的原则是，经常在一起使用的属性从R中分解出来形成一个子关系模式。垂直分解可以提高某些事务的效率，但也可能使另一些事务不得不执行连接操作，从而降低了效率。因此，是否进行垂直分解取决于分解后R上的所有事务的总效率是否得到了提高。垂直分解需要确保无损连接性和保持函数依赖，即保证分解后的关系具有无损连接性和保持函数依赖性。这可以用模式分解算法对需要分解的关系模式进行分解和检查。

规范化理论为数据库设计人员判断关系模式优劣提供了理论标准，可用来预测模式可能出现的问题，使数据库设计工作有了严格的理论基础。

3.5.3 设计用户子模式

将概念模型转换为全局逻辑模型后，还应该根据局部应用需求，结合具体DBMS的特点，设计用户的外模式。

目前，关系数据库管理系统一般都提供了视图（view）的概念，可以利用这一功能设计更符合局部用户需要的用户外模式。

定义数据库全局模式主要是从系统的时间效率、空间效率、易维护等角度出发。由于用户外模式与模式是相对独立的，因此，在定义用户外模式时可以注重考虑用户的习惯与方便。

(1) 使用更符合用户习惯的别名。在合并各分E-R图时，曾经做过消除命名冲突的工作，以使数据库系统中同一关系和属性具有唯一的名字。这在设计数据库整体结构时是非常必要的。利用View机制可以在设计用户视图时重新定义某些属性名，使其与用户习惯一致，以方便使用。

(2) 可以对不同级别的用户定义不同的视图，以保证系统的安全性。假设有关系模式产品（产品号，产品名，规格，单价，生产车间，生产负责人，产品成本，产品合格率，质量等级），可以在产品关系上建立两个视图。

为一般顾客建立视图：产品1（产品号，产品名，规格，单价）。

为产品销售部门建立视图：产品2（产品号，产品名，规格，单价，车间，生产负责人）。

顾客视图中只包含允许顾客查询的属性，销售部门视图中只包含允许销售部门查询的属性,生产领导部门则可以查询全部产品数据。这样就可以防止用户非法访问本来不允许他们查询的数据,保证了系统的安全性。

(3)简化用户对系统的使用。如果局部应用中经常要使用某些很复杂的查询,为了方便用户,可以将这些复杂查询定义为视图,用户每次只对定义好的视图进行查询,大大简化了用户的使用。

3.6 数据库物理设计

数据库在物理设备上的存储结构与存取方法称为数据库的物理结构,它依赖于给定的计算机系统。为一个给定的逻辑数据模型选取一个最适合应用要求的物理结构的过程,就是数据库的物理设计。

数据库的物理设计通常分为两步:

(1)确定数据库的物理结构,在关系数据库中主要指存取方法和存储结构。

(2)对物理结构进行评价,评价的重点是时间和空间效率。

如果评价结果满足原设计要求,则可进入到物理实施阶段,否则,就需要重新设计或修改物理结构,有时甚至要返回逻辑设计阶段修改数据模型。

3.6.1 数据库的物理设计的内容和方法

不同的数据库产品所提供的物理环境、存取方法和存储结构有很大差别,能供设计人员使用的设计变量、参数范围也不同,因此,没有通用的物理设计方法可遵循,只能给出一般的设计内容和原则。要得到设计优化的物理数据库结构,使得在数据库上运行的各种事务响应时间少、存储空间利用率高、事务吞吐率大,就应首先对要运行的事务进行详细分析,获得选择物理数据库设计所需要的参数。其次,要充分了解所用RDBMS的内部特征,特别是系统提供的存取方法和存储结构。

对于数据库查询事务,需要得到如下信息:

·查询的关系。

·查询条件所涉及的属性。

·连接条件所涉及的属性。

·查询的投影属性。

对于数据更新事务,需要得到如下信息:

·被更新的关系。

·每个关系上的更新操作条件所涉及的属性。

·修改操作要改变的属性值。

此外,还需要知道每个事务在各关系上运行的频率和性能要求。例如,事务T必须在10s内结束,这对于存取方法的选择具有重大影响。

上述这些信息是确定关系的存取方法的依据。

应当注意的是,数据库上运行的事务会不断变化、增加或减少,以后需要根据上述设计信息的变化调整数据库的物理结构。

通常关系数据库物理设计主要包括以下内容:

·为关系模式选择存取方法。

·设计关系、索引等数据库文件的物理存储结构。

3.6.2 关系模式存取方法选择

数据库系统是多用户共享的系统,对同一个关系要建立多条存取路径才能满足多用户的多种应用要求。物理设计的任务之一就是要确定选择哪些存取方法,即建立哪些存取路径。

存取方法是快速存取数据库中数据的技术。数据库管理系统一般都提供多种存取方法。常用的存取方法有三类:第一类是索引方法,目前主要是B+树索引方法;第二类是聚簇(Cluster)方法;第三类是HASH方法。B+树索引方法是数据库中经典的存取方法,使用最普遍。

3.6.2.1 索引存取方法的选择

所谓选择索引存取方法,实际上就是根据应用要求确定对关系的哪些属性列建立索引,哪些属性列建立组合索引,哪些索引要设计为唯一索引等。一般来说:

(1)如果一个(或一组)属性经常在查询条件中出现,则考虑在这个(或这组)属性上建立索引(或组合索引)。

(2)如果一个属性经常作为最大值和最小值等聚集函数的参数,则考虑在这个属性上建立索引。

(3) 如果一个(或一组)属性经常在连接操作的连接条件中出现,则考虑在这个(或这组)属性上建立索引。

关系上定义的索引数并不是越多越好,系统为维护索引要付出代价,查找索引也要付出代价。例如,若一个关系的更新频率很高,则这个关系上定义的索引数不能太多。因为更新一个关系时,必须对这个关系上有关的索引做相应的修改。

3.6.2.2 聚簇存取方法的选择

为了提高某个属性(或属性组)的查询速度,把这个或这些属性(称为聚簇码)上具有相同值的元组集中存放在连续的物理块上称为聚簇。

聚簇功能可以大大提高按聚簇码进行查询的效率。例如,要查询信息系的所有学生名单,设信息系有500名学生,在极端情况下,这500名学生所对应的数据元组分布在500个不同的物理块上。尽管对学生关系已按所在系建有索引,由索引可以很快找到信息系学生的元组标识,避免了全表扫描,然而由元组标识去访问数据块时就要存取500个物理块,执行500次I/O操作。如果将同一系的学生元组集中存放,则每读一个物理块可得到多个满足查询条件的元组,从而显著地减少了访问磁盘的次数。

聚簇功能不但适用于单个关系,也适用于经常进行连接操作的多个关系。把多个连接关系的元组按连接属性值聚集存放,聚簇中的连接属性称为聚簇码。这就相当于把多个关系按"预连接"的形式存放,从而大大提高连接操作的效率。

一个数据库可以建立多个聚簇,一个关系只能加入一个聚簇。

选择聚簇存取方法,即确定需要建立多少个聚簇,每个聚簇中包括哪些关系。

下面先设计候选聚簇,一般来说:

(1) 对经常在一起进行连接操作的关系可以建立聚簇。

(2) 如果一个关系的一组属性经常出现在相等比较条件中,则该单个关系可建立聚簇。

(3) 如果一个关系的一个(或一组)属性上的值重复率很高,则此单个关系可建立聚簇。也就是说,对应每个聚簇码值的平均元组数不能太少,否则,聚簇的效果不明显。然后检查候选聚簇中的关系,取消其中不必要的关系。

(1) 从聚簇中删除经常进行全表扫描的关系。

(2) 从聚簇中删除更新操作远多于连接操作的关系。

(3) 不同的聚簇中可能包含相同的关系,一个关系可以在某一个聚簇中,但不能同时加入多个聚簇。要从这多个聚簇方案(包括不建立聚簇)中选择一个较优的,即在这个聚簇上运行各种事务的总代价最小。

必须强调的是，聚簇只能提高某些应用的性能，而且建立与维护聚簇的开销是相当大的。对已有关系建立聚簇，将导致关系中元组移动其物理存储位置，并使此关系上原有的索引无效，必须重建。当一个元组的聚簇码值改变时，该元组的存储位置也要做相应移动，聚簇码值要相对稳定，以减少修改聚簇码值所引起的维护开销。

因此，通过聚簇码进行访问或连接是该关系的主要应用，与聚簇码无关的其他访问很少或者是次要的，这时可以使用聚簇。尤其当SQL语句中包含有与聚簇码有关的ORDER BY、GROUP BY、UNION、DISTINCT等子句或短语时，使用聚簇特别有利，可以省去对结果集的排序操作，否则很可能适得其反。

3.6.2.3 HASH 存取方法的选择

有些数据库管理系统提供了HASH存取方法。选择HASH存取方法的规则如下：

如果一个关系的属性主要出现在等连接条件中或主要出现在相等比较选择条件中，而且满足下列两个条件之一，则此关系可以选择HASH存取方法。

（1）如果一个关系的大小可预知，而且不变。

（2）如果关系的大小动态改变，而且数据库管理系统提供了动态HASH存取方法。

3.6.3 确定数据库的存储结构

确定数据库物理结构主要是指确定数据的存放位置和存储结构，包括确定关系、索引、聚簇、日志、备份等的存储安排和存储结构，确定系统配置等。

确定数据的存放位置和存储结构要综合考虑存取时间、存储空间利用率和维护代价这三方面的因素。这三方面常常是相互矛盾的，因此需要进行权衡，选择一个折中方案。

3.6.3.1 确定数据的存放位置

为了提高系统性能，应该根据应用情况将数据的易变部分与稳定部分、经常存取部分和存取频率较低部分分开存放。

例如，目前许多计算机都有多个磁盘，因此，可以将表和索引放在不同的磁盘上，在查询时，由于两个磁盘驱动器并行工作，可以提高物理I/O读写的效率；也可以将比较大的表分放在两个磁盘上，以加快存取速度，这在多用户环境下特别有效；还可以将日志文件与数据库对象（表、索引等）放在不同的磁盘上以改进系统的性能。此外，数据库的数据备份和日志文件备份等只在故障恢复时才使用,而且数据量很大,可以存放在磁盘上。

由于各个系统所能提供的对数据进行物理安排的手段、方法差异很大,因此,设计人员应仔细了解给定的BDBMS提供的方法和参数,针对应用环境的要求,对数据进行适当的物理安排。

3.6.3.2 确定系统配置

DBMS产品一般都提供了一些系统配置变量、存储分配参数,供设计人员和DBA对数据库进行物理优化。在初始情况下,系统都为这些变量赋予了合理的默认值。但是这些值不一定适合每一种应用环境,在进行物理设计时,需要重新对这些变量赋值,以改善系统的性能。

系统配置变量很多,例如,同时使用数据库的用户数,同时打开的数据库对象数,内存分配参数,缓冲区分配参数(使用的缓冲区长度、个数),存储分配参数,物理块的大小,物理块装填因子,时间片大小,数据库的大小,锁的数目,等等。这些参数值影响存取时间和存储空间的分配,在物理设计时就要根据应用环境确定这些参数值,以使系统性能最佳。

在物理设计时,对系统配置变量的调整只是初步的,在系统运行时还要根据系统实际运行情况做进一步的调整,以期切实改进系统性能。

3.6.4 评价物理结构

在数据库物理设计过程中需要对时间效率、空间效率、维护代价和各种用户要求进行权衡,其结果可以产生多种方案,数据库设计人员必须对这些方案进行细致的评价,从中选择一个较优的方案作为数据库的物理结构。

评价物理数据库的方法完全依赖于所选用的DBMS,主要是从定量估算各种方案的存储空间、存取时间和维护代价入手,对估算结果进行权衡、比较,选出一个比较合理的物理结构。如果该结构不符合用户需求,则需要修改设计。

3.7 数据库的实施和维护

完成数据库的物理设计之后,设计人员就要用BDMS提供的数据定义语言和其他实用程序将数据库逻辑设计和物理设计结果严格描述出来，成为DBMS可以接受的源代码，再经过调试产生目标模式，然后就可以组织数据入库了，这就是数据库实施阶段。

3.7.1 数据的载入和应用程序的调式

一般数据库系统中，数据量都很大，而且数据来源于部门中各个不同的单位，数据的组织方式、结构和格式都与新设计的数据库系统有相当的差距。组织数据录入就是要将各类源数据从各个局部应用中抽取出来，输入计算机，再分类转换，最后综合成符合新设计的数据库结构的形式，输入数据库。因此，这样的数据转换、组织入库的工作是相当费力费时的。特别是原系统是手工数据处理系统时，各类数据分散在各种不同的原始表格、凭证、单据之中，在向新的数据库系统中输入数据时，还要处理大量的纸质文件，工作量就更大。

由于各个不同的应用环境差异很大，不可能有通用的转换器，DBMS产品也不提供通用的转换工具。为提高数据输入工作的效率和质量，应该针对具体的应用环境设计一个数据录入子系统，由计算机来完成数据入库的任务。

由于要入库的数据在原来的系统中的格式结构与新系统中的不完全一样，有的差别可能还比较大，不仅会在向计算机内输入数据时发生错误，在转换过程中也有可能出错。因此，在源数据入库之前要采用多种方法对它们进行检验，以防止不正确的数据入库，这部分的工作在整个数据输入子系统中是非常重要的。

在设计数据输入子系统时还要注意原有系统的特点，例如，对于原有系统是人工数据处理系统的情况，尽管新系统的数据结构可能与原系统有很大差别，但在设计数据输入子系统时，尽量让输入格式与原系统结构相近，这不仅使处理手工文件比较方便，更重要的是可以减少用户出错的可能性，保证数据输入的质量。现有的DBMS一般都提供不同DBMS之间数据转换的工具，若原来是数据库系统，就可以利用新系统的数据转换工具，先将原系统中的表转换成新系统中相同结构的临时表，再将这些表中的数据分类、转换、综合成符合新系统的数据模式，插入相应的表中。

数据库应用程序的设计应该与数据库设计同时进行，因此，在组织数据入库的同时还要调试应用程序。应用程序的设计、编码和调试的方法、步骤在软件工程等课程中有详细讲解，这里就不赘述了。

3.7.2 数据库的试运行

在原有系统的数据有一小部分已输入数据库后,就可以开始对数据库系统进行联合调试,这又称为数据库的试运行。

这一阶段要实际运行数据库应用程序,执行对数据库的各种操作,测试应用程序的功能是否满足设计要求。如果不满足,对应用程序则要修改、调整,直至达到设计要求为止。

在数据库试运行时,还要测试系统的性能指标,分析其是否达到设计目标。在对数据库进行物理设计时,已初步确定了系统的物理参数值,但一般情况下,设计时的考虑在许多方面只是近似的估计,与实际系统运行总有一定的差距,因此,必须在试运行阶段实际测量和评价系统性能指标。事实上,有些参数的最佳值往往是经过运行调试后找到的。如果测试的结果与设计目标不符,则要返回物理设计阶段,重新调整物理结构,修改系统参数,某些情况下甚至要返回逻辑设计阶段,修改逻辑结构。

这里特别要强调两点:第一,上面已经讲到组织数据入库是十分费时费力的事,如果试运行后还要修改数据库的设计,则要重新组织数据入库。因此,应分期分批地组织数据入库,先输入小批量数据用来调试,待试运行基本合格后,再大批量输入数据,逐步增加数据量,逐步完成运行评价。第二,在数据库试运行阶段,由于系统还不稳定,软硬件故障随时都可能发生。而系统的操作人员对新系统还不熟悉,误操作也不可避免,因此,应首先调试运行DBM5的恢复功能,做好数据库的转储和恢复工作。一旦发生故障,能使数据库尽快恢复,尽量减少对数据库的破坏。

3.7.3 数据库的运行和维护

数据库试运行合格后,数据库开发工作就基本完成,即可投入正式运行了。但是,由于应用环境在不断变化,数据库运行过程中物理存储也会不断变化。所以,对数据库设计进行评价、调整、修改等维护工作是一个长期的任务,也是设计工作的继续和提高。

在数据库运行阶段,对数据库经常性的维护工作主要是由DBA完成的,它包括以下内容。

3.7.3.1 数据库的转储和恢复

数据库的转储和恢复是系统正式运行后最重要的维护工作之一。DBA要针对不同的应用要求制订不同的转储计划，以保证一旦发生故障能尽快将数据库恢复到某种一致的状态，并尽可能减少对数据库的破坏。

3.7.3.2 数据库的安全性、完整性控制

在数据库运行过程中，由于应用环境的变化，对安全性的要求也会发生变化。比如，有的数据原来是机密的，现在是可以公开查询的，而新加入的数据又可能是机密的。系统中用户的密级也会改变，这些都需要DBA根据实际情况修改原有的安全性控制。同样，数据库的完整性约束条件也会变化，也需要DBA不断修正，以满足用户要求。

3.7.3.3 数据库性能的监督、分析和改造

在数据库运行过程中，监督系统运行，对监测数据进行分析，找出改进系统性能的方法是DBA的又一重要任务。目前有些DBMS产品提供了监测系统性能参数的工具，DBA可以利用这些工具方便地得到系统运行过程中一系列性能参数的值。DBA应仔细分析这些数据，判断当前系统运行状况是否最佳，应当进行哪些改进。例如，调整系统物理参数，或对数据库进行重组织或重构造等。

3.7.3.4 数据库的重组织与重构造

数据库运行一段时间后，由于记录不断增、删、改，会使数据库的物理存储情况变坏，降低了数据的存取效率，导致数据库性能下降，这时DBA就要对数据库进行重组织，或部分重组织（只对频繁增、删的进行重组织）。DBMS一般都提供数据重组织用的实用程序。在重组织的过程中，按原设计要求重新安排存储位置、回收垃圾、减少指针链等，以提高系统性能。

数据库的重组织，并不修改原设计的逻辑和物理结构；而数据库的重构造则不同，它是指部分修改数据库的模式和内模式。

由于数据库应用环境发生变化，增加了新的应用或新的实体，取消了某些应用，有的实体与实体间的联系也发生了变化等，使原有的数据库设计不能满足新的需求，需要调整数据库的模式和内模式。例如，在表中增加或删除某些数据项，改变数据项的类型，增加或删除某个表，改变数据库的容量，增加或删除某些索引等。当然数据库的重构造也是有限的，只能做部分修改。如果应用变化太大，重构造也无济于事，就说明此数据库应用系统的生命周期已经结束，应该设计新的数据库应用系统了。

3.8 数据库恢复技术

3.8.1 事务的基本概念

在介绍数据库恢复技术之前,先讲解事务的基本概念和事务的性质。

3.8.1.1 事务(Transaction)

所谓事务,是用户定义的一个数据库操作序列,这些操作要么全做要么不做,是一个不可分割的工作单位。例如,在关系数据库中,一个事务可以是一条SQL语句、一组SQL语句或整个程序。

事务和程序是两个不同的概念。一般地讲,一个程序中包含多个事务。事务的开始与结束可以由用户显示控制。如果用户没有显示地定义事务,则由DBMS按默认规定自动划分事务。在SQL语言中,定义事务的语句有三条:

BEIGN TRANSACTION

COMMIT

ROLLBACK

事务通常是以BEIGN TRANSACTION开始,以COMMIT或ROLLBACK结束。COMMIT表示提交,即提交事务的所有操作。具体地说,就是将事务中所有对数据库的更新写回到磁盘上的物理数据库中,事务正常结束。ROLLBACK表示回滚,即在事务运行的过程中发生的某种故障,事务不能继续执行,系统将事务中对数据库的所有已完成的操作全部撤销,回滚到事务开始时的状态。这里的操作是指对数据库的更新操作。

3.8.1.2 事务的特性

事务具有四个特性:原子性(Atomicity)、一致性(Consistency)、隔离性(Isolation)和持续性(Durability)。这四个特性也简称为ACID特性。

(1)原子性。事务是数据库的逻辑工作单位,事务中包括的诸操作要么都做,要么都不做。

(2)一致性。事务执行的结果必须是使数据库从一个一致性状态变到另一个一致性状态。因此,当数据库只包含成功事务提交的结果时,就称数据库处于一致性状态。如果数据库系统运行中发生故障,有些事务尚未完成就被迫中断,这些未完成事务对数据库所做的修改有一部分已写入物理数据库,这时数据就处于一种不正确的状态,或者说是不一致的状态。例如,某公司在银行中有A、B两个账号,现在公司想从A中取出一万元存入B中。那么就可以定义一个事务,该事务包括两个操作:第一个操作是从账号A中减去一万元,第二个操作是向账号B中加入一万元。这两个操作要么全做,要么都不做,全做或者全部做,数据库都处于一致性状态。如果只做一个操作,则用户逻辑上就会发生错误,少了一万元,这时数据库就处于不一致性状态。可见一致性与原子性是密切相关的。

(3)隔离性。一个事务执行不能被其他事务干扰,即一个事务内部的操作及使用的数据对其他并发事务是隔离的,并发执行的各个事务之间不能互相干扰。

(4)持续性。持续性也称永久性,是指一个事务一旦提交,它对数据库中数据的改变就应该是永久性的。接下来的其他操作或故障不应该对其执行结果有任何影响。

事务是恢复和并发控制的基本单位,所以下面的讨论均以事务为对象。

保证事务ACID特性是事务处理的重要任务。事务ACID特性可能遭到破坏的因素如下:

(1)多个事务并行运行时,不同事务的操作交叉执行。

(2)事务在运行过程中被强行停止。

在第一种情况下,数据库管理系统必须保证多个事务的交叉运行不影响这些事务的原子性。在第二种情况下,数据库管理系统必须保证被强行终止的事务对数据库和其他事务没有任何影响。

这些就是数据库管理系统中恢复机制和并发控制机制的责任。

3.8.2 数据库恢复概述

尽管数据库系统中采取了各种保护措施来防止数据库的安全性和完整性被破坏,保证并发事务的正确执行,但是计算机系统中硬件的故障、软件的错误、操作员的失误,以及恶意的破坏仍是不可避免的。这些故障轻则造成运行事务非正常中断,影响数据库中数据的正确性;重则破坏数据库,使数据库中全部或部分数据丢失。因此,数据库管理系统必须具有把数据库从错误状态恢复到某一已知的正确状态(也称为一致状态或完整状态)的功能,这就是数据库的恢复。恢复子系统是数据库管理系统的一个重要组成部分,而且还相当庞大,常常占整个系统代码的10%以上。数据库系统所采用的恢复技术是否行之有效,不仅对系统的可靠程度起着决定性作用,而且对系统的运行效率也有很大影响,是衡量系统性能优劣的重

3.8.3 数据库故障的类型

数据库系统中可能发生各种各样的故障，大致可以分为以下几类：

3.8.3.1 事务内部的故障

事务内部的故障有的是可以通过事务程序本身发现的（见下面转账事务的例子），有的是非预期的，不能由事务程序处理的。

［例9］银行转账事务，这个事务把一笔金额从一个账户甲转给另一个账户乙。程序如下：

DEGIN TRANSACTION

读账户甲的余额BALANCE；

BALANCE=BALANCE – AMOUNT；(AMOUNT为转账金额）

写回BALANCE；

IF（BLANCE<0）THEN

｛

打印 '金额不足，不能转账'；

ROLLBACK；（撤销刚才的修改，恢复事务）

｝

ELSE

｛

读账号乙的余额BALANCE1；

BALANCE1 = BALANCE1 + AMOUNT；

写回BALANCE1；

COMMIT；

｝

这个例子所包括的两个更新操作要么全部完成，要么全部不做。否则，就会使数据库处于不一致状态，例如，只把账户甲的余额减少了而没有把账户乙的余额增加。

在这段程序中若产生账户甲余额不足的情况，应用程序可以发现并让事务回滚，撤销已做的修改，恢复数据库到正确状态。

事务内部更多的故障是非预期的，是不能由应用程序处理的，例如，运算溢出，并发事务发生死锁而被选中撤销该事务，违反了某些完整性限制等。以后，事务故障仅指这类非预期的故障。

事务故障意味着事务没有达到预期的终点（COMMIT或者显式的ROLLBACK），因此，数据库可能处于不正确状态。恢复程序要在不影响其他事务运行的情况下，强行回滚（ROLLBACK）该事务，即撤销该事务已经做出的任何对数据库的修改，使得该事务好像根本没有启动一样。这类恢复操作称为事务撤销（UNDO）。

3.8.3.2 系统故障

系统故障是指造成系统停止运转的任何事件，使得系统要重新启动。例如，特定类型的硬件错误（CPU故障）、操作系统故障、DBMS代码错误、突然停电等。这类故障影响正在运行的所有事务，但不破坏数据库。这时主存内容，尤其是数据库缓冲区（在内存）中的内容都被丢失，所有运行事务都非正常终止。发生系统故障时，一些尚未完成的事务的结果可能已送入物理数据库，从而造成数据库可能处于不正确的状态。为保证数据一致性，需要清除这些事务对数据库的所有修改。

恢复子系统必须在系统重新启动时让所有非正常终止的事务回滚，强行撤销（UNDO）所有未完成的事务。

另一方面，发生系统故障时，有些已完成的事务可能有一部分甚至全部留在缓冲区，尚未写回到磁盘上的物理数据库中，系统故障使得这些事务对数据库的修改部分或全部丢失，这也会使数据库处于不一致状态，因此，应将这些事务已提交的结果重新写入数据库。所以系统重新启动后，恢复子系统除需要撤销所有未完成的事务外，还需要重做（RE-DO）所有已提交的事务，以将数据库真正恢复到一致状态。

3.8.3.3 介质故障

系统故障常称为软故障（Soft Crash），介质故障称为硬故障（Hard Crash）。硬故障是指外存故障，如磁盘损坏、磁头碰撞、瞬时强磁场干扰等。这类故障将破坏数据库或部分数据库，并影响正在存取这部分数据的所有事务。这类故障比前两类故障发生的可能性小很多，但破坏性最大。

3.8.3.4 计算机病毒

计算机病毒是一种人为的故障或破坏，是一些恶作剧者研制的一种计算机程序。这种程序与其他程序不同，它像微生物学所称的病毒一样可以繁殖和传播，并造成对计算机系统

（包括数据库）的危害。

病毒的种类很多，不同病毒有不同的特征。小的病毒只有20条指令，不到50B。大的病毒像一个操作系统，由上万条指令组成。

有的病毒传播很快，一旦侵入系统就马上摧毁系统；有的病毒有较长的潜伏期，机器在感染后数天或数月才开始发病；有的病毒感染系统所有的程序和数据；有的只对某些特定的程序和数据感兴趣。多数病毒一开始并不摧毁整个计算机系统，它们只在数据库中或其他数据文件中将小数点向左或向右移一移，增加或删除一两个"0"。

计算机病毒已成为计算机系统的主要威胁，自然也是数据库系统的主要威胁。为此，计算机的安全工作者已研制了许多预防病毒的"疫苗"，检查、诊断、消灭计算机病毒的软件也在不断发展。但是，至今还没有一种使得计算机"终生"免疫的疫苗。因此，数据库一旦被破坏，仍要用恢复技术把数据库加以恢复。

总结各类故障，对数据库的影响有两种可能性：一是数据库本身被破坏；二是数据库没有破坏，但数据可能不正确，这是因为事务的运行被非正常终止造成的。

恢复的基本原理十分简单，可以用一个词来概括：冗余。这就是说，数据库中任何一部分被破坏的或不正确的数据可以根据存储在系统别处的冗余数据来重建。尽管恢复的基本原理很简单，但实现技术的细节却相当复杂，下面介绍数据库恢复的实现技术。

3.8.4 数据库故障恢复的实现技术

恢复机制涉及两个关键问题：第一，如何建立冗余数据；第二，如何利用这些冗余数据实施数据库恢复。

建立冗余数据最常用的技术是数据转储和登录日志文件。通常在一个数据库系统中，这两种方法是一起使用的。

3.8.4.1 数据转储

数据转储是数据库恢复中采用的基本技术。所谓转储，即DBA定期地将整个数据库复制到磁带或另一个磁盘上保存起来的过程。这些备用的数据文本称为后备副本或后援副本。

当数据库遭到破坏后可以将后备副本重新装入，但重装后备副本只能将数据库恢复到转储时的状态，要想恢复到故障发生时的状态，必须更新运行自转储以后的所有更新事务。

转储是十分耗费时间和资源的，不能频繁进行。DBA应该根据数据库使用情况确定一个适当的转储周期。

转储可分为静态转储和动态转储。

静态转储是在系统中无运行事务时进行的转储操作,即转储操作开始的时刻,数据库处于一致性状态,而转储期间不允许(或不存在)对数据库进行任何存取、修改活动。显然,静态转储得到的一定是一个数据一致性的副本。

静态转储简单,但转储必须等待正运行的用户事务结束才能进行,同样,新的事务必须等待转储结束才能执行。显然,这会降低数据库的可用性。

动态转储是指转储期间允许对数据库进行存取或修改,即转储和用户事务可以并发执行。

动态转储可克服静态转储的缺点,它不用等待正在运行的用户事务结束,也不会影响新事务的运行。但是,转储结束时后援副本上的数据并不能保证正确有效。例如,在转储期间的某个时刻Tc,系统把数据A=100转储到磁带上,而在下一时刻Td,某一事务将A改为200。转储结束后,后备副本上的A已是过时的数据了。

为此,必须把转储期间各事务对数据库的修改活动登记下来,建立日志文件(Log File)。这样,后援副本加上日志文件就能把数据库恢复到某一时刻的正确状态。

转储还可以分为海量转储和增量转储两种方式。海量转储是指每次转储全部数据库。增量转储则是指每次只转储上一次转储后更新过的数据。从恢复角度看,使用海量转储得到的后备副本进行恢复一般说来会更方便些。但如果数据库很大,事务处理又十分频繁,则增量转储方式更实用、更有效。

数据转储有两种方式,分别可以在两种状态下进行,因此,数据转储方法可以分为四类:动态海量转储、动态增量转储、静态海量转储和静态增量转储。

3.8.4.2 登记日志文件(Logging)

(1)日志文件的格式和内容。日志文件是用来记录事务对数据库的更新操作的文件。不同的数据库系统采用的日志文件格式并不完全一样。概括起来,日志文件主要有两种格式:以记录为单位的日志文件和以数据块为单位的日志文件。

对于以记录为单位的日志文件,日志文件中需要登记的内容包括:

- 各个事务的开始(BEGIN TRANSACTION)标记。
- 各个事务的结束(COMMIT或ROLLBACK)标记。
- 各个事务的所有更新操作。

这里每个事务开始的标记、每个事务的结束标记和每个更新操作均作为日志文件中一个日志记录(Log Record)。每个日志记录的内容主要包括:

·事务标识(标明是哪个事务)。

·操作的类型(持入、删除或修改)。

·操作对象(记录内部标识)。

·更新前数据的旧值(对插入操作而言,此项为空值)。

·更新后数据的新值(对删除操作而言,此项为空值)。

对于以数据块为单位的日志文件,日志记录的内容包括事务标识和被更新的数据块。将更新前的整个块和更新后的整个块都放入日志文件中,因此,操作的类型和操作对象等信息就不必放入日志记录中。

(2)日志文件的作用。日志文件在数据库恢复中起着非常重要的作用,可以用来进行事务故障恢复和系统故障恢复,并协助后备副本进行介质故障恢复。具体作用如下:

1)事务故障恢复和系统故障恢复必须用日志文件。

2)在动态转储方式中必须建立日志文件,后援副本和日志文件综合起来才能有效地恢复数据库。

3)在静态转储方式中,也可以建立日志文件。当数据库毁坏后可重新装入后援副本,把数据库恢复到转储结束时刻的正确状态,然后利用日志文件,把已完成的事务进行重做处理,对故障发生时尚未完成的事务进行撤销处理。这样不必重新运行那些已完成的事务程序,就可把数据库恢复到故障前某一时刻的正确状态。

(3)登记日志文件(Logging)。为保证数据库是可恢复的,登记日志文件时必须遵循两条原则:

1)登记的次序严格按并发事务执行的时间次序;

2)必须先写日志文件,后写数据库。

把对数据的修改写到数据库中和把表示这个修改的日志记录写到日志文件中是两个不同的操作。有可能在这两个操作之间发生故障,即这两个写操作只完成了一个。如果先写了数据库修改,而在运行记录中没有登记这个修改,则以后就无法恢复这个修改。如果先写日志,但没有修改数据库,那么按日志文件恢复时只不过是多执行一次不必要的UNDO操作,并不会影响数据库的正确性。所以为了安全,一定要先写日志文件,即首先把日志记录写到日志文件中,然后写数据库的修改。这就是"先写日志文件"的原则。

3.8.5 数据库故障恢复策略

当系统运行过程中发生故障,利用数据库后备副本和日志文件就可以将数据库恢复到故障前的某个一致性状态。不同的故障其恢复策略和方法是不一样的。

3.8.5.1 事务故障的恢复

事务故障是指事务在运行至正常终止点前被终止，这时恢复子系统应利用日志文件撤销（UNDO）此事务已对数据库进行的修改。事务故障的恢复是由系统自动完成的，对用户是透明的。系统的恢复步骤如下：

（1）反向扫描文件日志（即从最后向前扫描日志文件），查找该事务的更新操作。

（2）对该事务的更新操作执行逆操作，即将日志记录中"更新前的值"写入数据库。

这样，如果记录中是插入操作，则相当于做删除操作（因为此时"更新前的值"为空）；

若记录中是删除操作，则做插入操作；若是修改操作，则相当于用修改前的值代替修改后的值。

（3）继续反向扫描日志文件，查找该事务的其他更新操作，并做同样的处理。

（4）如此处理下去，直至读到此事务的开始标记，事务故障恢复就完成了。

3.8.5.2 系统故障的恢复

前面已讲过，系统故障造成数据库不一致状态的原因有两个：一是未完成事务对数据库的更新可能已写入数据库，二是已提交事务对数据库的更新可能还留在缓冲区没来得及写入数据库。因此，恢复操作就是要撤销故障发生时未完成的事务，重做已完成的事务。

系统的恢复步骤如下：

（1）正向扫描日志文件（即从头扫描日志文件），找出在故障发生前已经提交的事务（这些事务既有BEGIN TRANSACTION记录，也有COMMIT记录），将其事务标识记入重做（REDO）队列。同时，找出故障发生时尚未完成的事务（这些事务只有BEGIN TRANSACTION记录，无相应的COMMIT记录），将其事务标识记入撤销队列。

（2）对撤销队列中的各个事务进行撤销（UNDO）处理。进行UNDO处理的方法是反向扫描日志文件，对每个UNDO事务的更新操作执行逆操作，即将日志记录中"更新前的值"写入数据库。

（3）对重做队列中的各个事务进行重做（REDO）处理。重新执行日志文件登记的操作，即将日志记录中"更新后的值"写入数据库。

3.8.5.3 介质故障的恢复

发生介质故障后，磁盘上的物理数据和日志文件被破坏，这是最严重的一种故障。恢复方法是重装数据库，然后重做已完成的事务。具体的操作步骤如下：

（1）装入最新的数据库后备副本（离故障发生时刻最近的转储副本），使数据库恢复到最近一次转储时的一致性状态。

对于动态转储的数据库副本，还需同时装入转储开始时刻的日志文件副本，利用恢复系统故障的方法（即REDO+UNDO），才能将数据库恢复到一致性状态。

（2）装入相应的日志文件副本（转储结束时刻的日志文件副本），重做已完成的事务，即首先扫描日志文件，找出故障发生时已提交的事务的标识，将其记入重做队列。然后正向扫描日志文件，对重做队列中的所有事务进行重做处理，即将日志记录中"更新后的值"写入数据库。

这样就可以将数据库恢复至故障前某一时刻的一致状态了。

介质故障的恢复需要DBA介入。但DBA只需要重装最近转储的数据库副本和有关的各日志文件副本，然后执行系统提供的恢复命令即可。具体的恢复操作仍由DBMS完成。

3.8.6 数据库镜像

根据前面所述，介质故障是对系统影响最为严重的一种故障。系统出现介质故障后，用户应用全部中断，恢复起来也比较费时。而且DBA必须周期性地转储数据库，这也加重了DBA的负担。如果不及时而正确地转储数据库，一旦发生介质故障，就会造成较大的损失。

随着磁盘容量越来越大，价格越来越便宜，为避免磁盘介质出现故障影响数据库的可用性，许多数据库管理系统都提供了数据库镜像（Mirror）功能用于数据库恢复，即根据DBA的要求，自动把整个数据库或其中的关键数据复制到另一个磁盘上。每当主数据库更新时，DBMS就自动把更新后的数据复制过去，即DBMS自动保证镜像数据与主数据的一致性，如图3-29a所示。这样，一旦出现介质故障，可由镜像磁盘继续提供使用，同时DBMS自动利用镜像磁盘数据进行数据库的恢复，不需要关闭系统和重装数据库副本，如图3-29b所示。在没有出现故障时，数据库镜像还可以用于并发操作，即当一个用户对数据加排他锁修改数据时，其他用户可以读镜像数据库上的数据，而不必等待该用户释放锁。

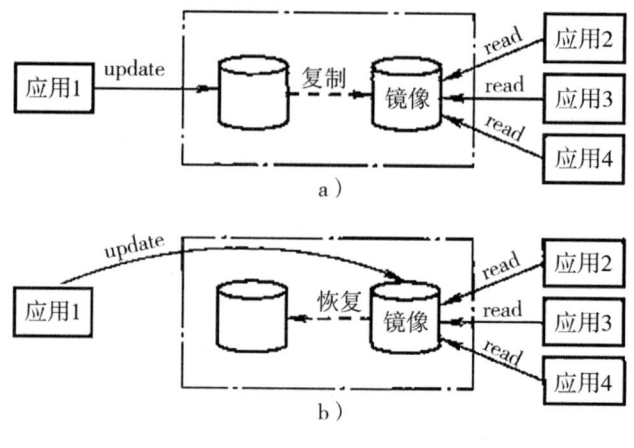

图3-29 数据库镜像示意图

由于数据库镜像是通过复制数据实现的，频繁地复制数据自然会降低系统运行效率，因此，在实际应用中用户往往只选择对关键数据和日志文件镜像，而不是对整个数据库进行镜像。

3.9 并发控制

3.9.1 并发控制概述

数据库是一个共享资源，可以供多个用户使用。允许多个用户同时使用的数据库系统称为多用户数据库系统。例如，飞机的订票数据库系统、银行数据库系统等都是多用户数据库系统。在这样的系统中，在同一时刻并行运行的事务可达数百个。

事务可以一个一个地串行执行，即每个时刻只有一个事务运行，其他事务必须等到这个事务结束以后方能运行。事务在执行过程中需要不同的资源，有时需要CPU，有时需要存取数据库，有时需要I/O，有时需要通信。如果事务串行执行，则许多系统资源将处于空闲状态。因此，为了充分利用系统资源，发挥数据库共享资源的特点，应该允许多个事务并行地执行。

在单处理机系统中，事务的并行执行实际上是这些并行事务的并行操作轮流交叉运行。这种并行执行方式称为交叉并发方式（Interleaved Concurrency）。虽然单处理机系统中的并行事务并没有真正地并行运行，但是减少了处理机的空闲时间，提高了系统的效率。

在多处理机系统中，每个处理机可以运行一个事务，多个处理机可以同时运行多个事务，实现多个事务真正的并行运行。这种并行执行方式称为同时并发方式（Simultaneous Concurrency）。本节介绍的数据库系统并发控制技术是以单处理机系统为基础的。这些理论可以推广到多处理机的情况。

当多个用户并发地存取数据库时，就会产生多个事务同时存取同一数据的情况。若对并发操作不加控制就可能会存取和存储不正确的数据，破坏数据库的一致性。所以，数据库管理系统必须提供并发控制机制。并发控制机制是衡量一个数据库管理系统性能的重要标志之一。

［例10］飞机订票系统中的一个活动序列。

售票点（甲事务）读出某航班的机票余额A，设A=16。

②乙售票点（乙事务）读出同一航班的机票余额A，A也为16。

②甲售票点卖出一张机票，修改余额A=A-1，所以A为15，把A写回数据库。

④乙售票点也卖出一张机票，修改余额A=A-1，所以A为15，把A写回数据库。

结果实际卖出两张机票，数据库中机票余额只减少1。

这种情况称为数据库的不一致性，是由并发操作引起的。在并发操作情况下，对甲、乙两个事务的操作序列的调度是随机的。若按上面的调度序列执行，甲事务的修改就被丢失。

原因是第4步中乙事务修改A并写回后覆盖了甲事务的修改。

在前面已经讲到，事务是并发控制的基本单位，保证事务ACID特性是事务处理的重要任务，而事务ACID特性可能遭到破坏的原因之一是多个事务对数据库的并发操作造成的。为了保证数据库的一致性，DBMS需要对并发操作进行正确调度。这些就是数据库管理系统中并发控制机制的责任。

并发操作带来的数据不一致性包括三类：

第一类丢失修改。例如，两个事务T1和T2读入同一数据并修改，T2提交的结果破坏了T1提交的结果，导致T1的修改被丢失。飞机订票的例子就属此类。

第二类不可重复读。不可重复读是指事务T1读取数据后，事务正执行更新操作，使T1无法再现前一次读取结果。不可重复读包括三种情况：

（1）事务T1读取某一数据后，事务T2对其做了修改，当事务T1再次读取该数据时，得到与前一次不同的值。

（2）事务T1按一定条件从数据库中读取某些数据记录后，事务T2删除了其中部分记录。当T1再次按相同条件读取数据时，发现某些记录消失了。

（3）事务T1按一定条件从数据库中读取某些数据记录后，事务T2插入了一些记录，当T1

再次按相同条件读取数据时，发现多了一些记录。

后两种不可重复读有时也称为幻影现象（Phantom Row）。

第三类读"脏"数据。读"脏"数据是指事务T1修改某一数据，并将其写回磁盘，事务T2读取同一数据后，T1由于某种原因被撤销，这时T1已修改过的数据恢复原值，T2读到的数据就与数据库中的数据不一致，T2读到的数据就为"脏"数据，即不正确的数据。

产生上述三类数据不一致性的主要原因是并发操作破坏了事务的隔离性。并发控制就是要用正确的方式调度并发操作，使一个用户事务的执行不受其他事务的干扰，从而避免造成数据的不一致性。

另一方面，对数据库的应用有时允许某些不一致性，例如，有些统计工作涉及的数据量很大，读到一些"脏"数据对统计精度没有影响，这时可以降低对一致性的要求以减少系统开销。

并发控制的主要技术是封锁（Locking）。

3.9.2 封锁

封锁是实现并发控制的一种非常重要的技术。所谓封锁，就是事务T在对某个数据对象（例如表、记录等）操作之前，先向系统发出请求，对其加锁。加锁后事务T就对该数据对象有了一定的控制，在事务T释放它的锁之前，其他的事务不能更新此数据对象。

确切的控制由封锁的类型决定。基本的封锁类型有两种：排他锁（Exclusive Locks，简称X锁）和共享锁（Share Locks，简称S锁）。

排他锁又称为写锁。若事务T对数据对象A加上X锁，则只允许T读取和修改A，其他任何事务都不能再对A加任何类型的锁，直到T释放A上的锁。这就保证了其他事务在T释放A上的锁之前不能再读取和修改A。

共享锁又称为读锁。若事务T对数据对象A加上S锁，则事务T可以读A但不能修改A，其他事务只能再对A加S锁，而不能加X锁，直到T释放A上的S锁。这就保证了其他事务可以读A，但在T释放A上的S锁之前不能对A做任何修改。

3.9.3 活锁和死锁

和操作系统一样，封锁的方法可能引起活锁和死锁。

3.9.3.1 活锁

如果事务T1封锁了数据R,事务T2又请求封锁R,于是T2等待。T3也请求封锁R,当T1释放了R上的封锁之后系统首先批准了T3的请求,T2仍然等待。然后T4又请求封锁R,当T3释放了R上的封锁之后系统又批准了T4的请求……T2有可能永远等待,这就是活锁的情形。避免活锁的简单方法是采用先来先服务的策略。当多个事务请求封锁同一数据对象时,封锁子系统按请求封锁的先后次序对事务排队,数据对象上的锁一旦释放就批准申请队列中第一个事务获得锁。

3.9.3.2 死锁

如果事务T1封锁了数据R1,T2封锁了数据R2,然后T1又请求封锁R2,因T2已封锁了R2,于是T1等待T2释放R2上的锁。接着T2又申请封锁R1,因T1已封锁了R1,T2也只能等待T1释放R1上的锁。这样就出现了T1在等待T2,而T2又在等待T1的局面,T1和T2两个事务永远不能结束,形成死锁。

死锁的问题在操作系统和一般并行处理中已做了深入研究,目前在数据库中解决死锁问题主要有两类方法:一类方法是采取一定措施来预防死锁的发生;另一类方法是允许发生死锁,采用一定手段定期诊断系统中有无死锁,若有则解除。

(1) 死锁的预防。

在数据库中,产生死锁的原因是两个或多个事务都已封锁了一些数据对象,然后又都请求对已为其他事务封锁的数据对象加锁,从而出现死等待。防止死锁的发生其实就是要破坏产生死锁的条件。预防死锁通常有两种方法:

①一次封锁法:一次封锁法虽然可以有效地防止死锁的发生,但也存在问题。第一,一次就将以后要用到的全部数据加锁,势必扩大了封锁的范围,从而降低了系统的并发度。第二,数据库中的数据是不断变化的,原来不要求封锁的数据,在执行过程中可能会变成封锁对象,所以,很难事先精确地确定每个事务所要封锁的数据对象,为此只能扩大封锁范围,将事务在执行过程中可能要封锁的数据对象全部加锁,这就近一步降低了并发度。

②顺序封锁法:顺序封锁法是预先对数据对象规定一个封锁顺序,所有事务都按这个顺序实行封锁。例如,在B树结构的索引中,可规定封锁的顺序必须是从根结点开始,然后是下一级的子节点,逐级封锁。

顺序封锁法可以有效地防止死锁,但也同样存在问题:第一,数据库系统中封锁的数据对象极多,并且随数据的插入、删除等操作而不断地变化,要维护这样的资源的封锁顺序非常困难，成本很高。第二，事务的封锁请求可以随着事务的执行而动态地决定，很难事先确定每个事务要封锁哪些对象，因此，也就很难按规定的顺序去施加封锁。

可见，在操作系统中广为采用的预防死锁的策略并不很适合数据库的特点，因此，DBMS在解决死锁的问题上普遍采用的是诊断并解除死锁的方法。

（2）死锁的诊断与解除。

在数据库系统中诊断死锁的方法与操作系统类似，一般使用超时法或事务等待图法。

①超时法：如果一个事务的等待时间超过了规定的时限，就认为发生了死锁。超时法实现简单，但其不足也很明显。一是有可能误判死锁，事务因为其他原因使等待时间超过时限，系统会误认为发生了死锁。二是时限若设置太长，死锁发生后系统不能及时发现。

②事务等待图法：事务等待图是一个有向图G＝(T，U)。T为节点的集合，每个节点表示正运行的事务；U为边的集合，每条边表示事务等待的情况。若T1等待T2，则在T1、T2之间画一条有向边，从T1指向T2。事务等待图动态地反映了所有事务的等待情况。并发控制子系统周期性地（比如每隔1min）检测事务等待图，如果发现图中存在回路，则表示系统中出现了死锁。

并发控制子系统周期性地（比如每隔数秒）生成事务等待图，检测事务。如果发现图中存在回路，则表示系统中出现了死锁。

DBMS的并发控制子系统一旦检测到系统中存在死锁，就要设法解除。通常采用的方法是选择一个处理死锁代价最小的事务，将其撤销，释放此事务持有的所有的锁，使其他事务得以继续运行下去。当然，对撤销的事务所执行的数据修改操作必须加以恢复。

3.9.4 并发调度的可串行性

计算机系统对并发事务中并发操作的调度是随机的，而不同的调度可能会产生不同的结果，那么哪个结果是正确的，哪个是不正确的呢？

如果一个事务运行过程中没有其他事务同时运行，也就是说，它没有受到其他事务的干扰，那么就可以认为该事务的运行结果是正常的或者预想的。因此，将所有事务串行起来的调度策略一定是正确的调度策略。虽然以不同的顺序串行执行事务可能会产生不同的结果，但不会将数据库置于不一致状态，所以都是正确的。

定义：多个事务的并发执行是正确的，当且仅当其结果与按某一次序串行地执行它们时的结果相同，则称这种调度策略为可串行化（Serializable）的调度。

可串行性（Serializability）是并发事务正确性的准则。按照这个准则的规定，一个给定的并发调度,当且仅当它是可串行化的,才认为是正确调度。

为了保证并发操作的正确性,DBMS的并发控制机制必须提供一定的手段来保证调度是可串行化的。

从理论上讲,在某一事务执行时禁止其他事务执行的调度策略一定是可串行化的调度,这也是最简单的调度策略。但这种方法实际上是不可取的,这使用户不能充分共享数据库资源。目前,DBMS普遍采用封锁方法实现并发操作调度的可串行性,从而保证调度的正确性。

两段锁(Two-Phase Locking, 2PL)协议就是保证并发调度可串行性的封锁协议。

除此之外,还可以通过其他方法,如时标方法、乐观方法等来保证调度的正确性。

3.9.5 两段锁协议

所谓两段锁协议,是指所有事务必须分两个阶段对数据项加锁和解锁。

- 在对任何数据进行读、写操作之前,首先要申请并获得对该数据的封锁。
- 在释放一个封锁之后,事务不再申请和获得任何其他封锁。

所谓"两段"锁,其含义是事务分为两个阶段:第一阶段是获得封锁,也称为扩展阶段。在这个阶段,事务可以申请获得任何数据项上的任何类型的锁,但是不能释放任何锁。第二阶段是释放封锁,也称为收缩阶段。在这个阶段,事务可以释放任何数据项上的任何类型的锁,但是不能再申请任何锁。

需要说明的是,事务遵守两段锁协议是可串行化调度的充分条件,而不是必要条件。也就是说,若并发事务都遵守两段锁协议,则对这些事务的任何并发调度策略都是可串行化的;若对并发事务的一个调度是可串行化的,不一定所有事务都符合两段锁协议。

此外,要注意两段锁协议和防止死锁的一次封锁法的异同之处。一次封锁法要求每个事务必须一次将所有要使用的数据全部加锁,否则就不能继续执行,因此,一次封锁法遵守两段锁协议。但是两段锁协议并不要求事务必须一次将所有要使用的数据全部加锁,因此,遵守两段锁协议的事务可能发生死锁。

3.9.6 封锁的粒度

封锁对象的大小称为封锁粒度(Granularity)。封锁对象可以是逻辑单元,也可以是物理单元。以关系数据库为例,封锁对象可以是一些逻辑单元,如属性值、属性值的集合、元组、关系、索引项、整个索引直至整个数据库;也可以是一些物理单元,如页(数据页或索引页）、块等。

封锁粒度与系统的并发度和并发控制的开销密切相关。直观地看，封锁的粒度越大，数据库所能够封锁的数据单元就越少，并发度就越小，系统开销也越小；反之，封锁的粒度越大，并发度越高，系统开销也就越大。

例如，若封锁粒度是数据页，事务T1需要修改元组L1，则T1必须对包含L1的整个数据页A加锁。如果T1对A加锁后事务T2要修改A中元组L2，则T2被迫等待，直到T1释放A。如果封锁粒度是元组，则T1和T2可以同时对L1和L2分别加锁，不需要互相等待，提高了系统的并行度。又如，事务T需要读取整个表，若封锁粒度是元组，T必须对表中的每一个元组加锁，显然开销极大。

因此，如果在一个系统中同时支持多种封锁粒度供不同的事务选择是比较理想的，这种封锁方法称为多粒度封锁（Multiple Granularity Locking）。选择封锁粒度时应该同时考虑封锁开销和并发度两个因素，适当选择封锁粒度以求得最佳的效果。一般来说，需要处理大量元组的事务可以以关系为封锁粒度；需要处理多个关系的大量元组的事务可以以数据库为封锁粒度；而对于一个处理少量元组的用户事务，以元组为封锁粒度比较合适。

第4章 Oracle 数据库管理系统

Oracle数据库系统是美国Oracle公司（甲骨文）提供的以分布式数据库为核心的一组软件产品，是目前最流行的客户/服务器（CLIENT/SERVER）或B/S体系结构的数据库之一。比如，SilverStream就是基于数据库的一种中间件。Oracle数据库是目前世界上使用最为广泛的数据库管理系统，作为一个通用的数据库系统，它具有完整的数据管理功能；作为一个关系数据库，它是一个完备关系的产品；作为分布式数据库它实现了分布式处理功能。但它的所有知识，只要在一种机型上学习了Oracle知识，便能在各种类型的机器上使用它。Oracle数据库系统有多个版本，本书将要介绍的是Oracle 10g。

4.1 Oracle 安装

Oracle数据库产品是免费的，我们可以从Oracle的官方网站下载到程序安装包，Oracle在Windows下的安装非常方便，安装开始后，一直点击安装程序的"下一步"即可。

下载Oracle 10g后，解压到一个文件夹下，单击"setup.exe"文件即可启动安装界面。

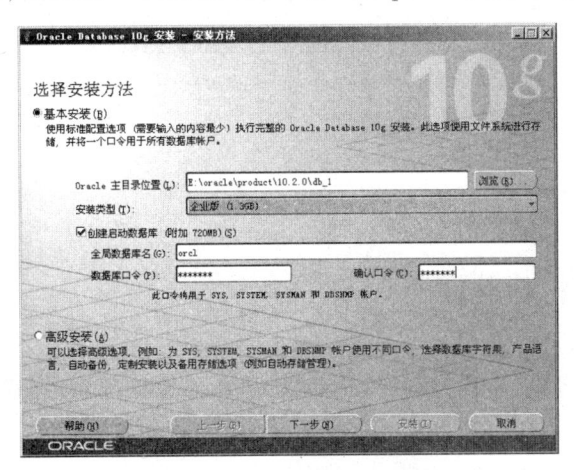

图4-1 Oracle安装启动界面

Oracle主目录位置就是Oracle准备安装的位置，称为"Oracle_Home"，一般Oracle根据当前计算机的硬盘大小默认给出一个合适的位置。Oracle安装时可以只安装Oracle软件，然后单独创建数据库。也可以在上图中选中"创建启动数据库"复选框，在安装Oracle产品时，同时创建一个数据库。对初学者来说，推荐这样安装。填写全局数据库名，以及管理员的密码。全局数据库名是数据库在服务器网络中的唯一标识。

点击"下一步"，就会出现如下图所示的内容，开始对Oracle服务器进行环境检查，主要查看服务器是否符合Oracle安装的条件，比如操作系统是否支持、系统内存是否符合Oracle安装的最低要求等。

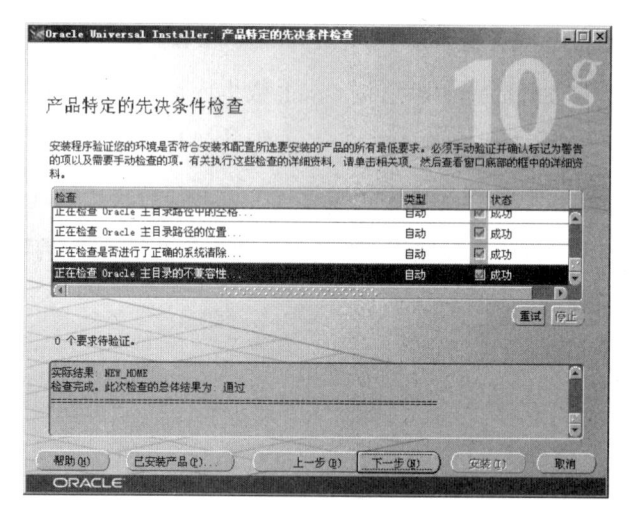

图4-2　Oracle安装前环境检查

Oracle检查通过后，单击"下一步"，就会列出所有安装Oracle过程中的默认选项。

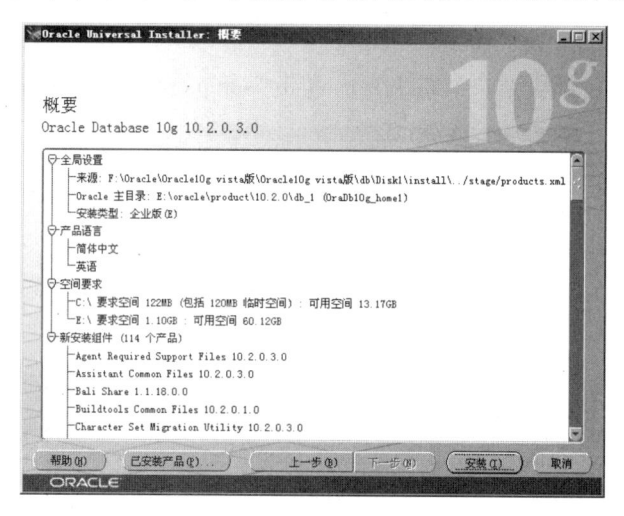

图4-3　Oracle默认安装设置

第 4 章　Oracle 数据库管理系统

单击"安装"按钮，进入安装界面。这一过程经历时间比较长，根据计算机的性能不同有很大差别。

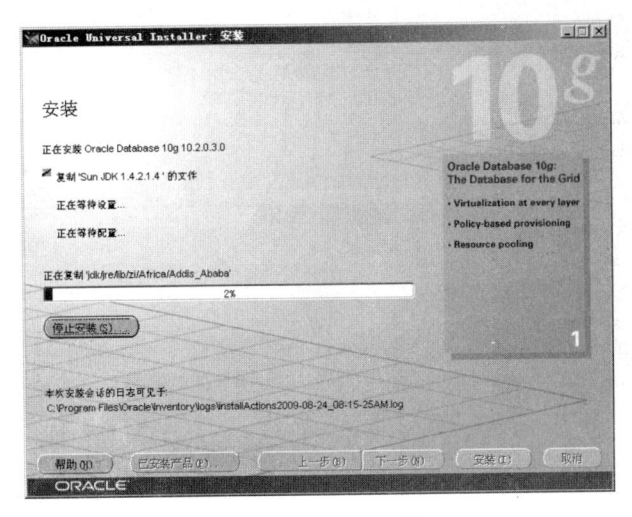

图4-4　Oracle安装

上一步完成后，进入了各种Oracle工具的安装阶段，包括网络配置向导、iSQL*plus等。

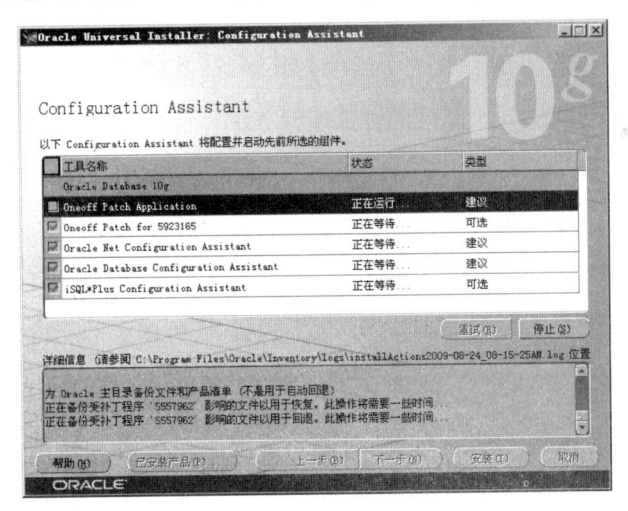

图4-5　Oracle各种工具的安装

接下来自动启动DBCA（Database Configuration Assistant）进入创建默认数据库阶段。

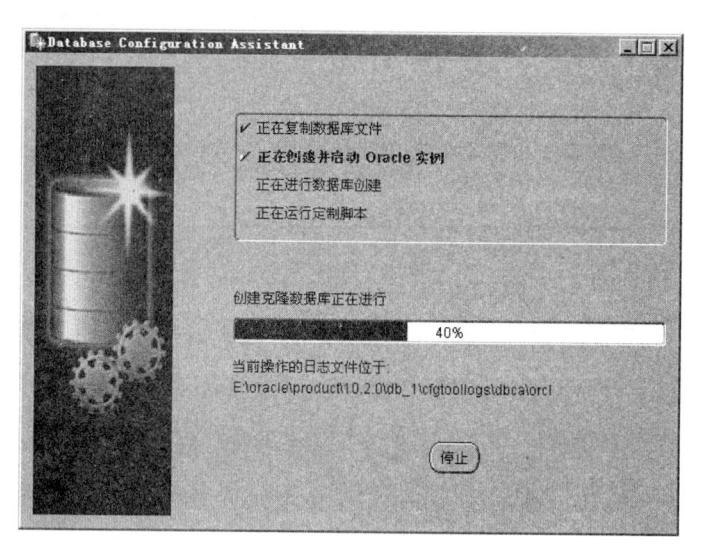

图4-6 DBCA下安装数据库

　　Oracle中的数据库主要是指存放数据的文件，这些文件在Oracle安装完成后，在计算机硬盘上都能找到，包括数据文件、控制文件和数据库日志文件。

　　数据库创建后会有一系列为该数据库提供服务的内存空间和后台进程，称为该数据库的实例。每一个数据库至少会有一个实例为其服务。实例中的内存结构称为系统全局区（SGA），系统会根据当前计算机系统的性能给SGA分配非常可观的内存空间。

　　Oracle创建数据库不能像SQL Server那样用一个简单的CREATE DATABASE命令就能完成，在创建数据库的过程中还需要配置各种参数。虽然有DBCA工具向导，但是仍然需要进行比较麻烦的配置。

> **提示**　　虽然一个Oracle数据库服务器中可以安装多个数据库，但是一个数据库需要占用非常大的内存空间，因此一般一个服务器只安装一个数据库。每一个数据库可以有很多用户，不同的用户拥有自己的数据库对象（比如：数据库表），一个用户如果访问其他用户的数据库对象，必须由对方用户授予一定的权限。不同的用户创建的表，只能被当前用户访问。因此在Oracle开发中，不同的应用程序只需使用不同的用户访问即可。

　　数据库创建完毕后，需要设置数据库的默认用户。Oracle中为管理员预置了两个用户分别是SYS和SYSTEM。同时Oracle为程序测试提供了一个普通用户scott，在口令管理中，可以对数据库用户设置密码，设置是否锁定。Oracle客户端使用用户名和密码登录Oracle系统后才能对数据库操作。

图4-7 DBCA下的口令管理　　　　图4-8 为system、sys、scott用户设置密码

在默认的用户中，SYS和SYSTEM用户是没有锁定的，安装成功后可以直接使用。SCOTT用户默认为锁定状态，因此不能直接使用，需要把SCOTT用户设定为非锁定状态才能正常使用。

这一步完成后，Oracle系统安装成功。

> **提示**　Oracle数据库中，默认情况下，所有系统的数据，SQL关键字等都是大写的。在操作过程中，Oracle会自动把这些内容转换为大写，因此用户操作时不需考虑大小写问题。一般情况下，为了良好的程序风格，程序中建议关键字用大写，非关键字可以使用小写。

4.2 Oracle 客户端工具

Oracle服务器安装成功后，就可以通过客户端工具连接Oracle服务器了，可以到Oracle官方下载Oracle专用的客户端软件，大多客户端工具都是基于Oracle客户端软件的。接下来介绍几种常用的Oracle客户端工具。

4.2.1 SQL*Plus 工具

该工具是Oracle系统默认安装下，自带的一个客户端工具。在Windows命令行中输入"sqlplusw"命令，就能够启动该工具了。

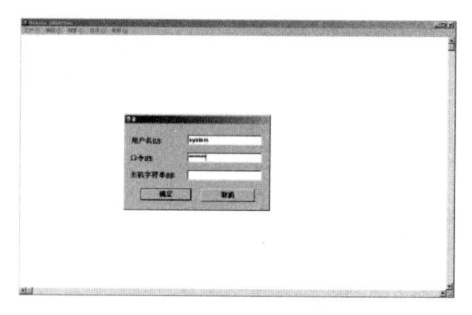

图4-9　SQL*Plus工具

输入用户名和密码后,如果SQL*Plus与数据库服务器在同一台计算机上,并且当前服务器下只有一个数据库实例,那么"主机字符串"可以不用填写。

> **提示**　SQL*Plus工具虽然是Oracle自带的工具,但是在现实开发中,基于该环境对开发不方便,因此很少使用。

SQL*Plus连接成功后就如图所示:

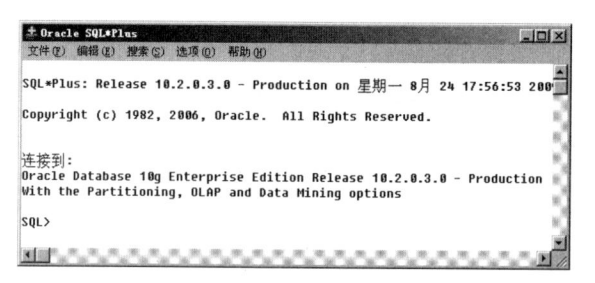

图4-10　SQL*Plus工具登录后

4.2.2 SQL*Plus 命令行工具

该命令行工具,提供了与数据库交互的能力和维护数据库的能力,包括了Oracle自带的SQL*Plus工具的全部功能,在Oracle管理中经常使用。在命令行中输入:"sqlplus /nolog"即可启动该工具。如下图:

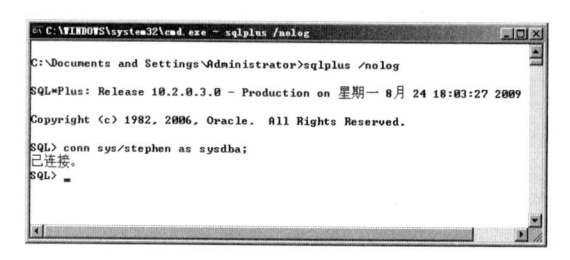

图4-11　启动SQL*Plus命令行工具

输入"sqlplus /nolog"命令后,只是启动了一个客户端进程,并没有与服务器连接,连接到Oracle服务器的命令是:

conn 用户名/密码 as 连接身份@服务器连接字符串

说明:

(1)连接身份:表示该用户连接后拥有的权限。

sysdba:即数据库管理员,权限包括打开数据库服务器、关闭数据库服务器、备份数据库、恢复数据库、日志归档、会话限制、管理功能、创建数据库。sys用户必须用sysdba身份才能登录,system用户可以用普通身份登录。

sysoper:即数据库操作员,权限包括打开数据库服务器、关闭数据库服务器、备份数据库、恢复数据库、日志归档、会话限制。

normal:即普通用户,权限只有查询某些数据表的数据。默认的身份是normal用户。

(2)客户端工具可以根据"服务器连接字符串"对服务器进行连接,有了连接字符串后客户端就可以像操作本机一样操作远程数据库,因此"服务器连接字符串"的配置也叫本地网络服务配置。如果SQL*Plus工具启动在服务器上,并且服务器上只有一个数据库实例的情况下,连接字符串可以缺省。在连接字符串中包括连接服务器的协议,服务器的地址,服务器的端口等设置,Oracle服务名等,该配置文件在Oracle安装目录下的:network/ADMIN/tnsnames.ora。该文件是一个文本文件,用记事本打开后如下所示:

```
# tnsnames.ora Network Configuration File: c:\oracle\product\10.2.0\db_1
\network\admin\tnsnames.ora
# Generated by Oracle configuration tools.

LIB =
  (DESCRIPTION =
    (ADDRESS_LIST =
      (ADDRESS = (PROTOCOL = TCP)(HOST = localhost)(PORT = 1521))
    )
    (CONNECT_DATA =
      (SERVICE_NAME = orcl)
    )
  )
```

服务器连接字符串配置

4.2.3 配置本地网络服务名

本地网络服务名,即客户端与服务器的连接字符串。本地网络服务名是客户端的配置,Oracle客户端安装后,可以使用客户端自带的网络配置向导(Net Configuration Assistant)进行配置:

(1)启动Net Configuration Assistant。选择"本地Net服务名配置"选项。如下图所示:

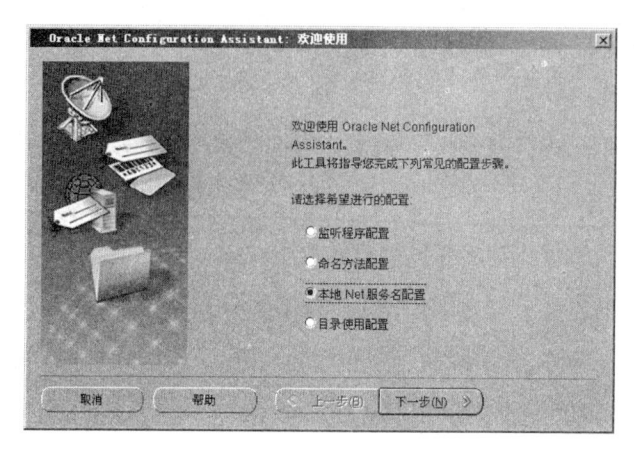

图4-12 启动Net Configuration Assistant

（2）选择"下一步"，本步骤可以对本地网络服务名进行添加，删除，测试是否正常连接等操作，选择"添加"选项。

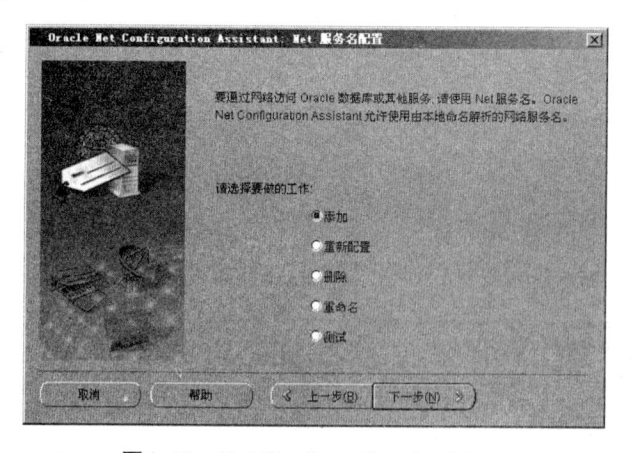

图4-13 Net Configuration Assistant

（3）点击"下一步"，填写服务名。该服务名就是Oracle安装时，为数据库取的全局数据库名。

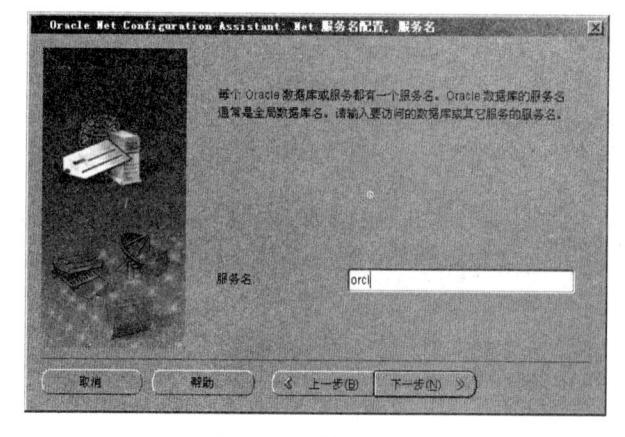

图4-14 服务名配置

(4)点击"下一步",选择服务需要的协议,默认是TCP协议。推荐使用默认的TCP协议。

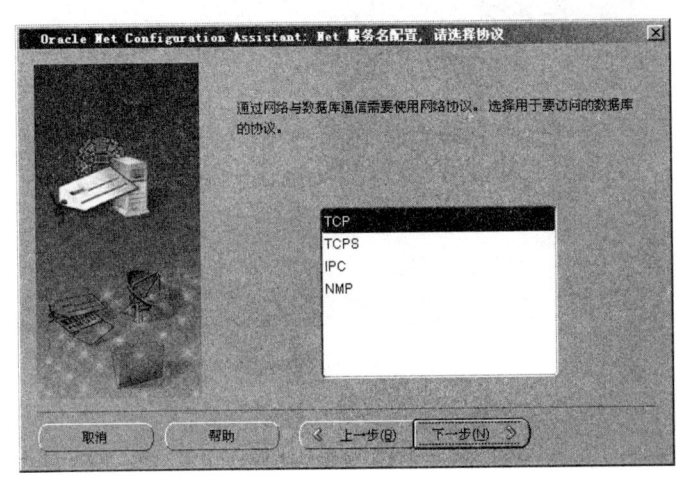

图4-15 选择协议

(5)点击"下一步",输入主机名,主机名可以是计算机名称,也可以是一个IP地址。主机如果是本机,可以使用本机计算机名称、"localhost"、"127.0.0.1",或者本机的IP地址。

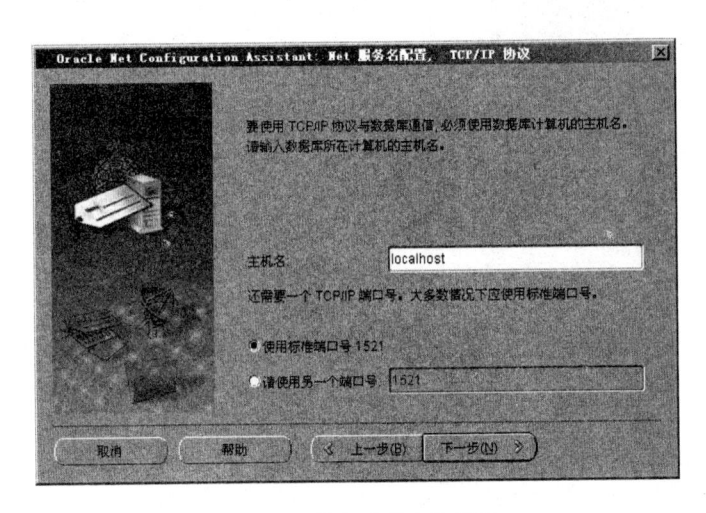

图4-16 输入主机名和端口

(6)单击"下一步",选择"是,进行测试"选项。进入下图界面。

图4-17 测试成功

在测试时,默认采用的用户名和密码是system/manager。如果用户system的密码不是"manager",有可能测试通不过,更改登录后,输入正确的用户名和密码后再进行测试即可。

(7)测试成功后,单击"下一步",出现如下界面,这一步是为本地网络服务命名。

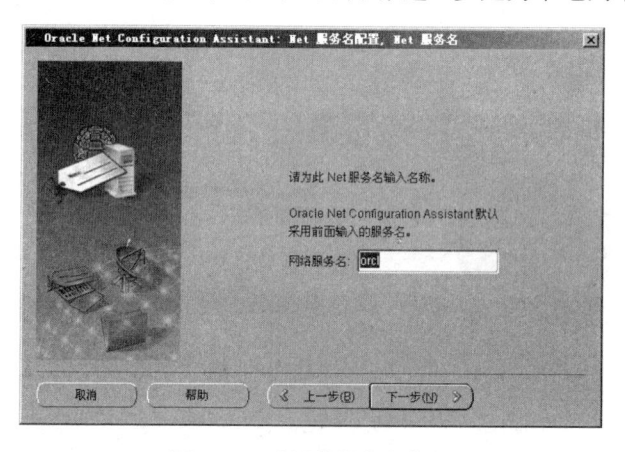

图4-18 为网络服务名命名

点击"下一步",配置就完成了,进入tnsnames.ora文件中查看,就出现了"服务器连接字符串配置"内容。

4.3 Oracle 服务

Oracle在Windows中安装完成后,会安装很多服务,下面介绍几个主要的服务。

第 4 章 Oracle 数据库管理系统

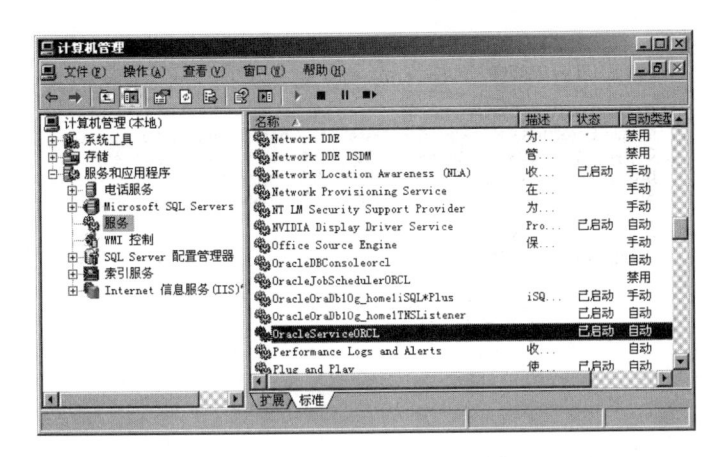

图4-19 Oracle服务

OracleService+服务名，该服务是数据库启动的基础，只有该服务启动了，Oracle数据库才能正常启动。这是必须启动的服务。

OracleOraDb10g_home1TNSListener，该服务是服务器端为客户端提供的监听服务，只有该服务在服务器上正常启动，客户端才能连接到服务器。该监听服务接收客户端发出的请求，然后将请求传递给数据库服务器。一旦建立了连接，客户端和数据库服务器就能直接通信了。

OracleOraDb10g_home1iSQL*Plus，该服务提供了用浏览器对数据库中数据操作的方式。该服务启动后，就可以使用浏览器进行远程登录并进行数据库操作了。如下图所示：

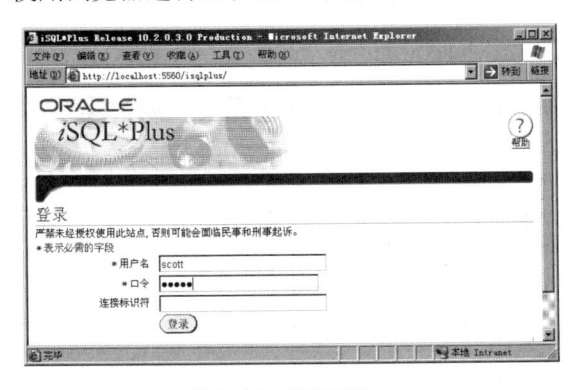

图4-20 iSQL*Plus

OracleDBConsole+服务名，Oracle10g中的一个新服务。在Oracle9i之前，Oracle官方提供了一个基于图形界面的企业管理器（EM）。从Oracle 10g开始，Oracle提供了一个基于B/S的企业管理器，在操作系统的命令行中输入命令：emctl start dbconsole，就可以启动OracleDbConsole服务，如下图所示：

图4-21 EM服务的启动

服务启动之后，就可以在浏览器中输入上图中进入EM的地址，使用B/S方式管理Oracle服务器。

4.4 Oracle 启动和关闭

OracleService启动后，就可以对数据库进行管理了。Oracle的启动和关闭是最基本的命令，在SQL*Plus中，启动Oracle必须是sys用户，命令格式是：

startup open

Oracle服务关闭用命令：shutdown immediate

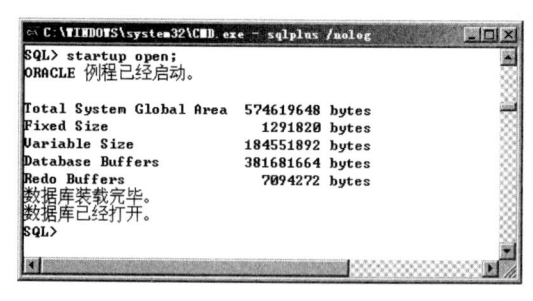

图4-22 Oracle服务启动 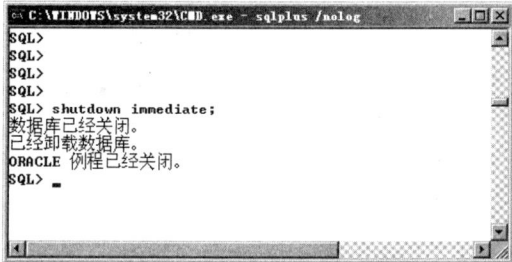　　　　　　图4-23 Oracle服务关闭

4.5 Oracle 用户和权限

在Oracle中，一般不会轻易在一个服务器上创建多个数据库。在一个数据库中，不同的项

目由不同的用户访问，每一个用户拥有自身创建的数据库对象，因此用户的概念在Oracle中非常重要。Oracle的用户可以用CREATE USER命令来创建。其语法是：

语法结构：创建用户

CREATE USER 用户名 IDENTIFIED BY 口令 [ACCOUNT LOCK|UNLOCK]

语法解析：

LOCK|UNLOCK创建用户时是否锁定，默认为锁定状态。锁定的用户无法正常登录进行数据库操作。

代码演示：创建用户

```
SQL> CREATE USER jerry
  2  IDENTIFIED BY tom
  3  ACCOUNT UNLOCK;
```

> **注意**：Oracle在SQL*Plus中的命令以分号（;）结尾，代表命令完毕并执行，系统同时会把该命令保存在缓存中，缓存中只保存最近执行过的命令。如果重新执行缓存中的命令，直接使用左斜杠符号（/）。如果命令不以分号结尾，该命令只是写入缓存保存起来，但并不执行。

尽管用户成功创建，但是还不能正常的登录Oracle数据库系统，因为该用户还没有任何权限。如果用户能够正常登录，至少需要CREATE SESSION系统权限。

Oracle用户对数据库管理或对象操作的权利，分为系统权限和数据库对象权限。系统权限比如：CREATE SESSION、CREATE TABLE等，拥有系统权限的用户，允许拥有相应的系统操作。数据库对象权限，比如对表中的数据进行增删改操作等，拥有数据库对象权限的用户可以对所拥有的对象进行对应的操作。

还有一个概念就是数据库角色（role），数据库角色就是若干个系统权限的集合。下面介绍几个常用角色：

CONNECT角色，主要应用于临时用户，特别是那些不需要建表的用户，通常只赋予他们CONNECT role。CONNECT是使用Oracle的简单权限，拥有CONNECT角色的用户，可以与服务器建立连接会话（session，客户端对服务器连接，称为会话）。

RESOURCE角色，更可靠和正式的数据库用户可以授予RESOURCE role。RESOURCE提供给用户另外的权限以创建他们自己的表、序列、过程（procedure）、触发器（trigger）、索引（index）等。

DBA角色，DBA role拥有所有的系统权限——包括无限制的空间限额和给其他用户授予各种权限的能力。用户SYSTEM拥有DBA角色。

一般情况下，一个普通的用户（如SCOTT），拥有CONNECT和RESOURCE两个角色即可进行常规的数据库开发工作。

可以把某个权限授予某个角色，可以把权限、角色授予某个用户。系统权限只能由DBA用户授权，对象权限由拥有该对象的用户授权，授权语法是：

语法结构：授权

GRANT 角色|权限 TO 用户（角色）

代码演示：授权

```
SQL> GRANT CONNECT TO jerry;
授权成功。
SQL> GRANT RESOURCE TO jerry;
授权成功。
SQL>
```

语法结构：其他操作

```
//回收权限
REVOKE 角色|权限 FROM 用户（角色）
//修改用户的密码
ALTER USER 用户名 IDENTIFIED BY 新密码
//修改用户处于锁定（非锁定）状态
ALTER USER 用户名 ACCOUNT LOCK|UNLOCK
```

第 5 章　Oracle 数据库管理系统日常维护

5.1 检查数据库基本状况

在本节中主要对数据库的基本状况进行检查，其中包含：检查Oracle实例状态，检查Oracle服务进程，检查Oracle监听进程，共三个部分。

5.1.1 检查 Oracle 实例状态

```
SQL> select instance_name, host_name, startup_time, status, database_status from v$instance;
INSTANCE_NAME  HOST_NAME   STARTUP_TIME    STATUS   DATABASE_STATUS
-------------- ----------- --------------- -------- ----------------
CKDB           AS14        2009-5-7 9: 3   OPEN     ACTIVE
```

其中"STATUS"表示Oracle当前的实例状态，必须为"OPEN"；"DATABASE_STATUS"表示Oracle当前数据库的状态，必须为"ACTIVE"。

```
SQL> select name, log_mode, open_mode from v$database;
NAME    LOG_MODE      OPEN_MODE
------- ------------- ----------------
CKDB    ARCHIVELOG    READ WRITE
```

其中"LOG_MODE"表示Oracle当前的归档方式。"ARCHIVELOG"表示数据库运行在归档模式下，"NOARCHIVELOG"表示数据库运行在非归档模式下。在我们的系统中数据库必须运行在归档方式下。

5.1.2 检查 Oracle 服务进程

```
$ps –ef|grep ora_|grep –v grep&&ps –ef|grep ora_|grep –v grep|wc –l
oracle  2960   1 0 May07 ?    00:01:02 ora_pmon_CKDB
oracle  2962   1 0 May07 ?    00:00:22 ora_psp0_CKDB
oracle  2964   1 0 May07 ?    00:00:00 ora_mman_CKDB
oracle  2966   1 0 May07 ?    00:03:20 ora_dbw0_CKDB
oracle  2968   1 0 May07 ?    00:04:29 ora_lgwr_CKDB
oracle  2970   1 0 May07 ?    00:10:31 ora_ckpt_CKDB
oracle  2972   1 0 May07 ?    00:03:45 ora_smon_CKDB
oracle  2974   1 0 May07 ?    00:00:00 ora_reco_CKDB
oracle  2976   1 0 May07 ?    00:01:24 ora_cjq0_CKDB
oracle  2978   1 0 May07 ?    00:06:17 ora_mmon_CKDB
oracle  2980   1 0 May07 ?    00:07:26 ora_mmnl_CKDB
oracle  2982   1 0 May07 ?    00:00:00 ora_d000_CKDB
oracle  2984   1 0 May07 ?    00:00:00 ora_s000_CKDB
oracle  2994   1 0 May07 ?    00:00:28 ora_arc0_CKDB
oracle  2996   1 0 May07 ?    00:00:29 ora_arc1_CKDB
oracle  3000   1 0 May07 ?    00:00:00 ora_qmnc_CKDB
oracle  3625   1 0 May07 ?    00:01:40 ora_q000_CKDB
oracle  31594  1 0 Jul20 ?    00:00:00 ora_q003_CKDB
oracle  23802  1 0 05:09 ?    00:00:33 ora_j000_CKDB
19
```

在检查Oracle的进程命令输出后，输出显示至少应包括以下一些进程：

· Oracle写数据文件的进程，输出显示为："ora_dbw0_CKDB"

· Oracle写日志文件的进程，输出显示为："ora_lgwr_ CKDB"

· Oracle监听实例状态的进程，输出显示为："ora_smon_ CKDB"

· Oracle监听客户端连接进程状态的进程，输出显示为："ora_pmon_ CKDB"

· Oracle进行归档的进程，输出显示为："ora_arc0_ CKDB"

· Oracle进行检查点的进程，输出显示为："ora_ckpt_ CKDB"

· Oracle进行恢复的进程，输出显示为："ora_reco_ CKDB"

5.1.3 检查 Oracle 监听状态

```
/home/oracle>lsnrctl status
LSNRCTL for Linux: Version 10.2.0.2.0 - Production on 23-JUL-2009 14: 11: 53
Copyright (c) 1991, 2005, Oracle. All rights reserved.
Connecting to (ADDRESS= (PROTOCOL=tcp) (HOST=) (PORT=1521))
STATUS of the LISTENER
------------------------
Alias                LISTENER
Version              TNSLSNR for Linux: Version 10.2.0.2.0 - Production
Start Date           07-MAY-2009 09: 35: 52
Uptime               77 days 4 hr. 36 min. 0 sec
Trace Level          off
Security             ON: Local OS Authentication
SNMP                 OFF
Listener Parameter File   /data/oracle/product/10.2.0/network/admin/listener.ora
Listener Log File         /data/oracle/product/10.2.0/network/log/listener.log
Listening Endpoints Summary...
  (DESCRIPTION=(ADDRESS=(PROTOCOL=tcp)(HOST=AS14)(PORT=1521)))
Services Summary...
Service "CKDB" has 1 instance(s).
  Instance "CKDB", status READY, has 1 handler(s) for this service...
Service "CKDBXDB" has 1 instance(s).
Instance "CKDB", status READY, has 1 handler(s) for this service...
Service "CKDB_XPT" has 1 instance(s).
Instance "CKDB", status READY, has 1 handler(s) for this service...
The command completed successfully
```

"Services Summary"项表示Oracle的监听进程正在监听哪些数据库实例，输出显示中至少应该有"CKDB"这一项。

检查监听进程是否存在：

```
[oracle@AS14 ~]$ ps -ef|grep lsnr|grep -v grep
oracle  2954   1 0 May07 ?    00: 01: 17 /data/oracle/product/10.2.0/bin/tnslsnr LISTENER -inherit
```

5.2 检查系统和 Oracle 日志文件

在本节主要检查相关的日志文件，包含：检查操作系统的日志文件，检查Oracle日志文件，检查Oracle核心转储目录，检查Root用户和Oracle用户的E-mail，总共四个部分。

5.2.1 检查操作系统日志文件

```
# cat /var/log/messages |grep failed
```

查看是否有与Oracle用户相关的出错信息。

5.2.2 检查 Oracle 日志文件

```
[oracle@AS14 ~]$ cat /data/oracle/admin/CKDB/bdump/alert_CKDB.log |grep ora-
[oracle@AS14 ~]$ cat /data/oracle/admin/CKDB/bdump/alert_CKDB.log |grep err
[oracle@AS14 ~]$ cat /data/oracle/admin/CKDB/bdump/alert_CKDB.log |grep fail
```

Oracle在运行过程中，会在警告日志文件（alert_SID.log）中记录数据库的一些运行情况：数据库的启动、关闭，启动时的非缺省参数；数据库的重做日志切换情况，记录每次切换的时间，以及如果因为检查点（checkpoint）操作没有执行完成造成不能切换，会记录不能切换的原因；对数据库进行的某些操作，如创建或删除表空间，增加数据文件；数据库发生的错误，如表空间不够、出现坏块、数据库内部错误（ORA-600）等。定期检查日志文件，根据日志中发现的问题及时进行处理：

问题	处理
启动参数不对	检查初始化参数文件
因为检查点操作或归档操作没有完成造成重做日志不能切换	如果经常发生这样的情况，可以考虑增加重做日志文件组，想办法提高检查点或归档操作的效率
有人未经授权删除了表空间	检查数据库的安全问题，是否密码太简单；如有必要，撤销某些用户的系统权限
出现坏块	检查是否是硬件问题（如磁盘本身有坏块），如果不是，检查是那个数据库对象出现了坏块，对这个对象进行重建
表空间不够	增加数据文件到相应的表空间
出现ORA-600	根据日志文件的内容查看相应的TRC文件，如果是Oracle的bug，要及时打上相应的补丁

Listener日志：$ORACLE_HOME/network/log

5.2.3 检查 Oracle 核心转储目录

```
$ls $ORACLE_BASE/admin/CKDB/cdump/*.trc|wc -l
$ls $ORACLE_BASE/admin/CKDB/udump/*.trc|wc -l
```

如果上面命令的结果每天都在增长，则说明Oracle进程经常发生核心转储。这说明某些用户进程或者数据库后台进程由于无法处理的原因而异常退出。频繁的核心转储特别是数据库后台进程的核心转储会导致数据库异常终止。

5.2.4 检查 Root 用户和 Oracle 用户的 E-mail

```
#tail -n 200 /var/mail/root
#tail -n 200 /var/mail/oracle
```

查看有无与Oracle用户相关的出错信息。

5.3 检查 Oracle 对象状态

在本节主要检查相关Oracle对象的状态，包含：检查Oracle控制文件状态，检查Oracle在线日志状态，检查Oracle表空间的状态，检查Oracle所有数据文件状态，检查Oracle所有表、索引、存储过程、触发器等对象的状态，检查Oracle所有回滚段的状态，总共六个部分。

5.3.1 检查 Oracle 控制文件状态

```
SQL> select status, name from v$controlfile;
STATUS  NAME
------- -----------------------------------------------------------------
        /data/oradata/CKDB/control01.ctl
        /data/oradata/CKDB/control02.ctl
        /data/oradata/CKDB/control03.ctl
```

输出结果应该有3条以上（包含3条）的记录，"STATUS"应该为空。状态为空表示控制文件状态正常。

5.3.2 检查 Oracle 在线日志状态

```
SQL> select group#, status, type, member from v$logfile;
GROUP#  STATUS  TYPE    MEMBER
------  ------  ------  ------------
    3           ONLINE  /data/oradata/CKDB/redo03.log
    2           ONLINE  /data/oradata/CKDB/redo02.log
    1           ONLINE  /data/oradata/CKDB/redo01.log
    4           ONLINE  /data/oradata/CKDB/redo04.log
    5           ONLINE  /data/oradata/CKDB/redo05.log
    6           ONLINE  /data/oradata/CKDB/redo06.log
6 rows selected
```

输出结果应该有3条以上（包含3条）记录，"STATUS"应该为非"INVALID"，非"DELETED"。注："STATUS"显示为空表示正常。

5.3.3 检查 Oracle 表空间的状态

```
SQL> select tablespace_name, status from dba_tablespaces;
TABLESPACE_NAME       STATUS           STATUS
---------------       ------           ------
SYSTEM                ONLINE           ONLINE
UNDOTBS1              ONLINE           ONLINE
SYSAUX                ONLINE           ONLINE
TEMP                  ONLINE           ONLINE
USERS                 ONLINE           ONLINE
SJ1                   ONLINE           ONLINE
ADM_INDEX             ONLINE           ONLINE
HOME_DATA             ONLINE           ONLINE
HOME_INDEX            ONLINE           ONLINE
PHOTO_DATA            ONLINE           ONLINE
PHOTO_INDEX           ONLINE           ONLINE
```

输出结果中STATUS应该都为ONLINE。

5.3.4 检查 Oracle 所有数据文件状态

```
SQL> select name, status from v$datafile;
NAME                                    STATUS
--------------------------------------  --------
/data/oradata/CKDB/system01.dbf         SYSTEM
/data/oradata/CKDB/undotbs01.dbf        ONLINE
/data/oradata/CKDB/sysaux01.dbf         ONLINE
/data/oradata/CKDB/users01.dbf          ONLINE
/data/oradata/CKDB/sj.dbf               ONLINE
/data/oradata/CKDB/HOME_DATA1.dbf       ONLINE
/data/oradata/CKDB/HOME_INDEX1.dbf      ONLINE
/data/oradata/CKDB/PHOTO_DATA1.dbf      ONLINE
/data/oradata/CKDB/PHOTO_INDEX1.dbf     ONLINE
/data/oradata/CKDB/BLOG_DATA1.dbf       ONLINE
/data/oradata/CKDB/BLOG_INDEX1.dbf      ONLINE
/data/oradata/CKDB/AUDIO_DATA1.dbf      ONLINE
/data/oradata/CKDB/AUDIO_INDEX1.dbf     ONLINE
/data/oradata/CKDB/VIDEO_DATA1.dbf      ONLINE
/data/oradata/CKDB/VIDEO_INDEX1.dbf     ONLINE
/data/oradata/CKDB/SYS_DATA1.dbf        ONLINE
/data/oradata/CKDB/SYS_INDEX1.dbf       ONLINE
/data/oradata/CKDB/ADM_DATA1.dbf        ONLINE
/data/oradata/CKDB/ADM_INDEX1.dbf       ONLINE
/data/oradata/CKDB/perfstat.dbf         ONLINE
```

输出结果中"STATUS"应该都为"ONLINE"。或者:

```
SQL> select file_name, status from dba_data_files;
FILE_NAME                               STATUS
--------------------------------------  ---------
/data/oradata/CKDB/users01.dbf          AVAILABLE
/data/oradata/CKDB/sysaux01.dbf         AVAILABLE
/data/oradata/CKDB/undotbs01.dbf        AVAILABLE
/data/oradata/CKDB/system01.dbf         AVAILABLE
/data/oradata/CKDB/sj.dbf               AVAILABLE
/data/oradata/CKDB/perfstat.dbf         AVAILABLE
/data/oradata/CKDB/HOME_DATA1.dbf       AVAILABLE
/data/oradata/CKDB/HOME_INDEX1.dbf      AVAILABLE
/data/oradata/CKDB/PHOTO_DATA1.dbf      AVAILABLE
```

输出结果中"STATUS"应该都为"AVAILABLE"。

5.3.5 检查无效对象

```
sql>select owner, object_name, object_type from dba_objects where status!='VALID' and owner!='SYS' and owner!='SYSTEM';
no rows selected
```

如果有记录返回,则说明存在无效对象。若这些对象与应用相关,那么需要重新编译生成这个对象,或者:

```
SELECT owner, object_name, object_type FROM dba_objects WHERE status='INVALID';
```

5.3.6 检查所有回滚段状态

```
SQL> select segment_name, status from dba_rollback_segs;
SEGMENT_NAME              STATUS
------------------        ----------------
SYSTEM
_SYSSMU1$
_SYSSMU2$                 ONLINE
_SYSSMU3$                 ONLINE
_SYSSMU4$                 ONLINE
_SYSSMU5$                 ONLINE
_SYSSMU6$                 ONLINE
_SYSSMU7$                 ONLINE
_SYSSMU8$                 ONLINE
_SYSSMU9$                 ONLINE
_SYSSMU10$                ONLINE
11 rows selected
```

输出结果中所有回滚段的"STATUS"应该为"ONLINE"。

5.4 检查 Oracle 相关资源的使用情况

在本节主要检查Oracle相关资源的使用情况,包含:检查Oracle初始化文件中相关的参数值,检查数据库连接情况,检查系统磁盘空间,检查Oracle各个表空间使用情况,检查一些扩展异常的对象,检查system表空间内的内容,检查对象的下一扩展与表空间的最大扩展值,总共七个部分。

5.4.1 检查 Oracle 初始化文件中相关参数值

```
SQL> select resource_name, max_utilization, initial_allocation,
limit_value from v$resource_limit;
```

RESOURCE_NAME	MAX_UTILIZATION	INITIAL_ALLOCAT	LIMIT_VALUE
processes	162	500	500
sessions	168	555	555
enqueue_locks	136	6930	6930
enqueue_resources	111	2660	UNLIMITED
ges_procs	0	0	0
ges_ress	0	0	UNLIMITED
ges_locks	0	0	UNLIMITED
ges_cache_ress	0	0	UNLIMITED
ges_reg_msgs	0	0	UNLIMITED
ges_big_msgs	0	0	UNLIMITED
ges_rsv_msgs	0	0	0
gcs_resources	0	0	0
gcs_shadows	0	0	0
dml_locks	76	2440	UNLIMITED
temporary_table_locks	26	UNLIMITED	UNLIMITED
transactions	13	610	UNLIMITED
branches	0	610	UNLIMITED
cmtcallbk	3	610	UNLIMITED
sort_segment_locks	5	UNLIMITED	UNLIMITED
max_rollback_segments	11	610	65535
RESOURCE_NAME	MAX_UTILIZATION	INITIAL_ALLOCAT	LIMIT_VALUE
max_shared_servers	1	UNLIMITED	UNLIMITED
parallel_max_servers	16	80	3600

22 ows selected

若LIMIT_VALU-MAX_UTILIZATION<=5，则表明与RESOURCE_NAME相关的Oracle初始化参数需要调整。可以通过修改Oracle初始化参数文件$ORACLE_BASE/admin/CKDB/pfile/initORCL.ora来修改。

5.4.2 检查数据库连接情况

查看当前会话连接数,是否属于正常范围。

```
SQL> select count (*) from v$session;
COUNT (*)
----------
29
```

```
select sid, serial#, username, program, machine, status from v$session;
 SID   SERIAL#   USERNAME   PROGRAM              MACHINE       STATUS
----   -------   --------   -------------------  -----------   --------
  1      3                  oracle@xz15saledb(PMON)    xz15saledb   ACTIVE
  2      3                  oracle@xz15saledb(DBW0)    xz15saledb   ACTIVE
  3      3                  oracle@xz15saledb(DBW1)    xz15saledb   ACTIVE
  4      3                  oracle@xz15saledb(LGWR)    xz15saledb   ACTIVE
  5      3                  oracle@xz15saledb(CKPT)    xz15saledb   ACTIVE
  6      3                  oracle@xz15saledb(SMON)    xz15saledb   ACTIVE
  7      3                  oracle@xz15saledb(RECO)    xz15saledb   ACTIVE
  8      1                  oracle@xz15saledb(CJQ0)    xz15saledb   ACTIVE
  9      3                  oracle@xz15saledb(ARC0)    xz15saledb   ACTIVE
 10      3                  oracle@xz15saledb(ARC1)    xz15saledb   ACTIVE
 11   11319      ZK         AccPrtInv_svr@xz15tuxedo2(TNS V1-V3)  xz15tuxedo2  INACTIVE
 13   48876      ZG         upload@xz15saleap(TNS V1-V3)          xz15saleap   INACTIVE
 17   20405      ZK         AccCreateRpt@xz15tuxedo1(TNS V1-V3)   xz15tuxedo1  INACTIVE
 20   12895      ZK         OweScanSvr@xz15billdb(TNS V1-V3)      xz15billdb   INACTIVE
```

其中:SID 会话(session)的ID号;

SERIAL# 会话的序列号,和SID一起用来唯一标识一个会话;

USERNAME 建立该会话的用户名;

PROGRAM 这个会话是用什么工具连接到数据库的;

STATUS 当前这个会话的状态,ACTIVE表示会话正在执行某些任务,INACTIVE表示当前会话没有执行任何操作;

如果建立了过多的连接,会消耗数据库的资源,同时,对一些"挂死"的连接可能需要手工进行清理。如果DBA要手工断开某个会话,则执行:(一般不建议使用这种方式去杀掉数据库的连接,这样有时候session不会断开,容易引起死连接。建议通过sid查到操作系统的spid,使用ps-ef|grep spidno的方式确认spid不是ORACLE的后台进程。使用操作系统的kill-9

命令杀掉连接）。

```
alter system kill session 'SID, SERIAL#';
```

注意：上例中SID为1到10（USERNAME列为空）的会话，是Oracle的后台进程，不要对这些会话进行任何操作。

5.4.3 检查系统磁盘空间

如果文件系统的剩余空间过小或增长较快，需对其进行确认并删除不用的文件以释放空间。

```
[oracle@AS14 ~]$ df -h
Filesystem      Size    Used    Avail   Use%    Mounted on
/dev/sda5       9.7G    3.9G    5.4G    42%     /
/dev/sda1       479M    16M     438M    4%      /boot
/dev/sda2       49G     19G     28G     41%     /data
none            1014M   0       1014M   0%      /dev/shm
```

5.4.4 检查表空间使用情况

```
SQL> select f.tablespace_name, a.total, f.free, round((f.free/a.total)*100) "% Free"
from
  (select tablespace_name, sum(bytes/(1024*1024)) total from dba_data_files group by tablespace_name) a,
  (select tablespace_name, round(sum(bytes/(1024*1024))) free from dba_free_space group by tablespace_name) f
WHERE a.tablespace_name = f.tablespace_name(+)
order by "% Free";

TABLESPACE_NAME             TOTAL       FREE        % Free
---------------             -----       ----        ------
OPERATION_DATA              1800        547
WAPWEB_DATA                 100         36          36
OPERATION_INDEX             500         186         37
SYSTEM                      1024        515         50
SYSAUX                      1024        534         52
SALES_TEMP                  100         62          62
SJ1                         500         348         71
PERFSTAT                    500         356         71
.........
HOME_DATA                   100         77          77
SYS_INDEX                   100         100         100
VIDEO_INDEX                 100         100         100
VIDEO_DATA                  100         100         100
BLOG_DATA                   100         100         100
39 ows selected
```

如果空闲率%Free小于10%以上（包含10%），则注意要增加数据文件来扩展表空间而不要使用数据文件的自动扩展功能。请不要对表空间增加过多的数据文件，增加数据文件的原则是每个数据文件大小为2G或者4G，自动扩展的最大限制在8G。

5.4.5 检查一些扩展异常的对象

```
sql>select Segment_Name, Segment_Type, TableSpace_Name,
(Extents/Max_extents)*100 Percent
From sys.DBA_Segments
Where Max_Extents != 0 and (Extents/Max_extents)*100>=95
order By Percent;
no rows selected
```

如果有记录返回，则这些对象的扩展已经快达到它定义时的最大扩展值。对于这些对象要修改它的存储结构参数。

5.4.6 检查 System 表空间内的内容

```
select distinct (owner) from dba_tables
where tablespace_name= 'SYSTEM' and
owner!= 'SYS' and owner!= 'SYSTEM'
union
select distinct (owner) from dba_indexes
where tablespace_name= 'SYSTEM' and
owner!= 'SYS' and owner!= 'SYSTEM';
no rows selected
```

如果记录返回，则表明System表空间内存在一些非System和Sys用户的对象。应该进一步检查这些对象是否与我们应用相关。如果相关请把这些对象移到非System表空间，同时应该检查这些对象属主的缺省表空间值。

5.4.7 检查对象的下一扩展与表空间的最大扩展值

```
sql>select a.table_name, a.next_extent, a.tablespace_name
from all_tables a,
(select tablespace_name, max (bytes) as big_chunk
from dba_free_space
group by tablespace_name ) f
```

```
where f.tablespace_name = a.tablespace_name
and a.next_extent > f.big_chunk
union
select a.index_name, a.next_extent, a.tablespace_name
from all_indexes a,
 (select tablespace_name, max(bytes) as big_chunk
from dba_free_space
group by tablespace_name ) f
where f.tablespace_name = a.tablespace_name
and a.next_extent > f.big_chunk;
no rows selected
```

如果有记录返回,则表明这些对象的下一个扩展大于该对象所属表空间的最大扩展值,需调整相应表空间的存储参数。

5.5 检查 Oracle 数据库备份结果

在本节主要检查Oracle数据库备份结果,包含:检查数据库备份日志信息,检查backup卷中文件产生的时间,检查Oracle用户的E-mail,总共三个部分。

5.5.1 检查数据库备份日志信息

假设:备份的临时目录为/backup/hotbakup,我们需要检查2009年7月22日的备份结果,则用下面的命令来检查:

```
#cat /backup/hotbackup/hotbackup-09-7-22.log|grep -i error
```

备份脚本的日志文件为hotbackup-月份-日期-年份.log,在备份的临时目录下面。如果文件中存在"ERROR:",则表明备份没有成功,存在问题需要检查。

5.5.2 检查 backup 卷中文件产生的时间

```
#ls -lt /backup/hotbackup
```

backup卷是备份的临时目录,查看输出结果中文件的日期,都应当是在当天凌晨由热备份脚本产生的。如果时间不对则表明热备份脚本没执行成功。

5.5.3 检查 Oracle 用户的 E-mail

```
#tail -n 300 /var/mail/oracle
```

热备份脚本是通过Oracle用户的cron去执行的。cron执行完后操作系统就会发一条E-mail通知Oracle用户任务已经完成。查看Oracle E-mail中今天凌晨有无ORA-, Error, Failed等出错信息,如果有则表明备份不正常。

5.6 检查 Oracle 数据库性能

在本节主要检查Oracle数据库性能情况,包含:检查数据库的等待事件,检查死锁及处理,检查CPU、I/O、内存性能,查看是否有僵死进程,检查行链接/迁移,定期做统计分析,检查缓冲区命中率,检查共享池命中率,检查排序区,检查日志缓冲区,总共十个部分。

5.6.1 检查数据库的等待事件

```
set pages 80
set lines 120
col event for a40
select sid, event, p1, p2, p3, WAIT_TIME, SECONDS_IN_WAIT from v$session_wait where event not like 'SQL%' and event not like 'rdbms%';
```

如果数据库长时间持续出现大量像latch free, enqueue, buffer busy waits, db file sequential read, db file scattered read等等待事件时,需要对其进行分析,可能存在问题的语句。

Disk Read最高的SQL语句的获取:

```
SQL>SELECT SQL_TEXT FROM (SELECT * FROM V$SQLAREA ORDER BY DISK_READS)
WHERE ROWNUM<=5 desc;
```

查找前十条性能差的sql:

```
SELECT * FROM (SELECT PARSING_USER_ID
EXECUTIONS, SORTS, COMMAND_TYPE, DISK_READS,
SQL_TEXT FROM V$SQLAREA ORDER BY DISK_READS DESC)
WHERE ROWNUM<10;
```

等待时间最多的5个系统等待事件的获取:

```
SELECT * FROM (SELECT * FROM V$SYSTEM_EVENT WHERE EVENT NOT LIKE 'SQL%' ORDER
BY TOTAL_WAITS DESC) WHERE ROWNUM<=5;
```

检查运行很久的SQL:

```
COLUMN USERNAME FORMAT A12
COLUMN OPNAME FORMAT A16
COLUMN PROGRESS FORMAT A8
SELECT USERNAME, SID, OPNAME, ROUND (SOFAR*100 / TOTALWORK, 0) || '%' AS PROGRESS,
TIME_REMAINING, SQL_TEXT FROM V$SESSION_LONGOPS , V$SQL WHERE TIME_REMAINING <>
0 AND SQL_ADDRESS=ADDRESS AND SQL_HASH_VALUE = HASH_VALUE;
```

检查消耗CPU最高的进程:

```
SET LINE 240
SET VERIFY OFF
COLUMN SID FORMAT 999
COLUMN PID FORMAT 999
COLUMN S_# FORMAT 999
COLUMN USERNAME FORMAT A9 HEADING "ORA USER"
COLUMN PROGRAM FORMAT A29
COLUMN SQL      FORMAT A60
COLUMN OSNAME FORMAT A9 HEADING  "OS USER"
SELECT P.PID PID, S.SID SID, P.SPID SPID, S.USERNAME USERNAME, S.OSUSER OSNAME,
P.SERIAL# S_#, P.TERMINAL, P.PROGRAM PROGRAM, P.BACKGROUND, S.STATUS, RTRIM (SUBSTR
 (A.SQL_TEXT, 1, 80)) SQLFROM V$PROCESS P, V$SESSION S, V$SQLAREA A WHERE P.ADDR =
S.PADDR AND S.SQL_ADDRESS = A.ADDRESS (+) AND P.SPID LIKE '%&1%';
```

检查碎片程度高的表:

```
SQL> SELECT segment_name table_name, COUNT (*) extents FROM dba_segments WHERE owner NOT IN
 ('SYS', 'SYSTEM') GROUP BY segment_name HAVING COUNT (*) = (SELECT MAX (COUNT (*))
 FROM dba_segments GROUP BY segment_name);
```

检查表空间的 I/O 比例:

```
SQL>SELECT DF.TABLESPACE_NAME NAME, DF.FILE_NAME "FILE", F.PHYRDS PYR, F.PHYBLKRD
PBR, F.PHYWRTS PYW, F.PHYBLKWRT PBW FROM V$FILESTAT F, DBA_DATA_FILES DF WHERE
F.FILE# = DF.FILE_ID ORDER BY DF.TABLESPACE_NAME;
```

检查文件系统的 I/O 比例:

```
SQL>SELECT SUBSTR (A.FILE#, 1, 2) "#", SUBSTR (A.NAME, 1, 30) "NAME", A.STATUS,
A.BYTES, B.PHYRDS, B.PHYWRTS FROM V$DATAFILE A, V$FILESTAT B WHERE A.FILE# = B.FILE#;
```

5.6.2 检查死锁及处理

查询目前锁对象信息:

```
col sid for 999999
col username for a10
```

```
col schemaname for a10
col osuser for a16
col machine for a16
col terminal for a20
col owner for a10
col object_name for a30
col object_type for a10
select sid, serial#, username, SCHEMANAME, osuser, MACHINE,
terminal, PROGRAM, owner, object_name, object_type, o.object_id
from dba_objects o, v$locked_object l, v$session s
where o.object_id=l.object_id and s.sid=l.session_id;
```

oracle级kill掉该session：

```
alter system kill session '&sid, &serial#';
```

操作系统级kill掉session：

```
#>kill –9 pid
```

5.6.3 检查数据库CPU、I/O、内存性能

记录数据库的CPU使用、I/O、内存等使用情况，使用vmstat, iostat, sar, top等命令进行信息收集并检查这些信息，判断资源使用情况。

CPU使用情况：

```
[root@sale8 ~]# top
top - 10: 29: 35 up 73 days, 19: 54,  1 user,  load average: 0.37, 0.38, 0.29
Tasks: 353 total,  2 running, 351 sleeping,  0 stopped,  0 zombie
Cpu(s): 1.2% us,  0.1% sy,  0.0% ni, 98.8% id,  0.0% wa,  0.0% hi,  0.0% si
Mem:  16404472k total, 12887428k used,  3517044k free,   60796k buffers
Swap: 8385920k total,   665576k used,  7720344k free, 10358384k cached

  PID USER      PR  NI  VIRT  RES  SHR S %CPU %MEM    TIME+  COMMAND
30495 oracle    15   0 8329m 866m 861m R   10  5.4   7: 53.90 oracle
32501 oracle    15   0 8328m 1.7g 1.7g S    2 10.6   1: 58.38 oracle
32503 oracle    15   0 8329m 1.6g 1.6g S    2 10.2   2: 06.62 oracle
……
```

注意上面的98.8%表示系统剩余的CPU，当其平均值下降至10%以下的时视为CPU使用率异常，需记录下该数值，并将状态记为异常。

内存使用情况：

```
# free -m
           total    used    free   shared  buffers   cached
Mem:       2026     1958    67     0       76        1556
-/+ buffers/cache:  326     1700
Swap:      5992     92      5900
```

如上所示，2026表示系统总内存，1958表示系统使用的内存，67表示系统剩余内存，当剩余内存低于总内存的10%时视为异常。

系统I/O情况：

```
# iostat -k 1 3
Linux 2.6.9-22.ELsmp (AS14)    07/29/2009
avg-cpu:  %user   %nice   %sys  %iowait   %idle
          0.16    0.00    0.05   0.36     99.43
Device:        tps    kB_read/s   kB_wrtn/s   kB_read    kB_wrtn
sda            3.33   13.16       50.25       94483478   360665804
avg-cpu:  %user   %nice   %sys  %iowait   %idle
          0.00    0.00    0.00   0.00     100.00
Device:        tps    kB_read/s   kB_wrtn/s   kB_read    kB_wrtn
sda            0.00   0.00        0.00        0          0
```

如上所示，kB_read/s（13.16）、kB_wrtn/s（50.25）表示磁盘读写情况，%iowait为CPU IO等待情况。

系统负载情况：

```
#uptime
12:08:37 up 162 days, 23:33, 15 users, load average: 0.01, 0.15, 0.10
```

如上所示，load average: 0.01, 0.15, 0.10表示系统负载，后面的3个数值如果有高于2.5的时候就表明系统在超负荷运转了，并将此值记录到巡检表，视为异常。

5.6.4 查看是否有僵尸进程

```
select spid from v$process where addr not in (select paddr from v$session);
```

有些僵尸进程阻塞其他业务的正常运行，要定期杀掉僵尸进程。

5.6.5 检查行链接 / 迁移

```
Sql>select table_name, num_rows, chain_cnt From dba_tables Where owner='CTAIS2' And chain_cnt<>0;
```

注：含有long raw列的表有行链接是正常的，找到迁移行保存到chained_rows表中，如没有该表执行../rdbms/admin/utlchain.sql Sql>analyze table tablename list chained rows;可通过表chained_rows中table_name, head_rowid 看出哪些行是迁移行如：Sql>create table aa as select a.* from sb_zsxx a, chained_rows b where a.rowid=b.head_rowid and b.table_name = 'SB_ZSXX' ;sql>delete from sb_zsxx where rowid in（select head_rowid from chained_rows where table_name = 'SB_ZSXX'）;sql>insert into sb_zsxx select * from chained_row where table_name = 'SB_ZSXX' ;

5.6.6 定期做统计分析

对于采用Oracle Cost-Based-Optimizer的系统，需要定期对数据对象的统计信息进行采集更新，使优化器可以根据准备的信息作出正确的explain plan。在以下情况更需要进行统计信息的更新：

（1）应用发生变化。

（2）大规模数据迁移、历史数据迁出、其他数据的导入等。

（3）数据量发生变化。

查看表或索引的统计信息是否需更新，如：

Sql>Select table_name, num_rows, last_analyzed From user_tables where table_name = 'DJ_NSRXX' sql>select count（*）from DJ_NSRXX如num_rows和count（*）

如果行数相差很多，则该表需要更新统计信息，建议一周做一次统计信息收集，如：

Sql>exec sys.dbms_stats.gather_schema_stats（ownname=>' CTAIS2' , cascade => TRUE, degree => 4）;

5.6.7 检查缓冲区命中率

```
SQL> SELECT a.VALUE + b.VALUE logical_reads,
 c.VALUE phys_reads,
 round（100*（1-c.value/（a.value+b.value）），4）hit_ratio
FROM v$sysstat a, v$sysstat b, v$sysstat c
WHERE a.NAME= 'db block gets'
AND b.NAME= 'consistent gets'
AND c.NAME= 'physical reads'  ;
LOGICAL_READS PHYS_READS  HIT_RATIO
------------- ----------  ---------
1273645705   71191430    94.4104
```

如果命中率低于90%，则需加大数据库参数db_cache_size。

5.6.8 检查共享池命中率

```
SQL> select sum(pinhits)/sum(pins)*100 from v$librarycache;
SUM(PINHITS)/SUM(PINS)*100
--------------------------
        99.5294474716798
```

如低于95%，则需要调整应用程序使用绑定变量，或者调整数据库参数shared pool的大小。

5.6.9 检查排序区

```
SQL> select name, value from v$sysstat where name like '%sort%';
NAME                                                                VALUE
--------------------------------------------------------------- ----------
sorts (memory)                                                    6135534
sorts (disk)                                                            8
sorts (rows)                                                   2264742084
```

如果disk/(memoty+row)的比例过高，则需要调整sort_area_size (workarea_size_policy=false) 或pga_aggregate_target (workarea_size_policy=true)。

5.6.10 检查日志缓冲区

```
SQL> select name, value from v$sysstat where name in ('redo entries', 'redo buffer allocation retries');
NAME                                                                VALUE
--------------------------------------------------------------- ----------
redo entries                                                     27663705
redo buffer allocation retries                                        880
```

如果redo buffer allocation retries/redo entries 超过1%，则需要增大log_buffer。

5.7 检查数据库安全性

在本节主要检查Oracle数据库的安全性，包含：检查系统安全信息，定期修改密码，总共两个部分。

5.7.1 检查系统安全日志信息

系统安全日志文件的目录在/var/log下,主要检查登录成功或失败的用户日志信息。
检查登录成功的日志:

[root@rac2 ~]# grep –i accepted /var/log/secure
Jan 8 08：44：43 rac2 sshd[29559]: Accepted password for root from ：：ffff：10.10.10.6 port 1119 ssh2……

检查登录失败的日志:

[root@rac2 ~]# grep –i inval /var/log/secure &&grep –i failed /var/log/secure
Jan 9 10：30：44 rac2 sshd[3071]: Invalid user ydbuser from ：：ffff：192.168.3.5
Jan 9 10：30：56 rac2 sshd[3071]: Failed password for invalid user ydbuser from ：：ffff：192.168.3.5 port 36005 ssh2
Jan 9 10：30：56 rac2 sshd[3071]: Failed password for invalid user ydbuser from ：：ffff：192.168.3.5 port 36005 ssh2
Jan 10 22：44：38 rac2 sshd[21611]: Failed password for root from ：：ffff：10.10.10.6 port 1723 ssh2

在出现的日志信息中没有错误(Invalid、refused)提示,如果没有(Invalid、refused)视为系统正常,出现错误提示,应作出系统告警通知。

5.7.2 检查用户修改密码

在数据库系统上往往存在很多的用户,如:第三方数据库监控系统,初始安装数据库时的演示用户,管理员用户等等。这些用户的密码往往是写定的,被很多人知道,会被别有用心的人利用来攻击系统甚至进行修改数据。需要修改密码的用户包括:数据库管理员用户SYS、SYSTEM;其他用户。登录系统后,提示符下输入cat /etc/passwd,在列出来的用户中查看是否存在已经不再使用的或是陌生的帐号。若存在,则记录为异常。
修改密码方法:

Sql>alter user USER_NAME identified by PASSWORD;

5.8 其他检查

在本节主要检查当前crontab任务是否正常,检查Oracle Job是否有失败等,共六个部分。

5.8.1 检查当前 Crontab 任务是否正常

```
[oracle@AS14 ~]$ crontab –l
```

5.8.2 检查 Oracle Job 是否有失败

```
Sql>select job, what, last_date, next_date, failures, broken from dba_jobs Where schema_user= 'CAIKE';
```

如有问题建议重建job，如：

exec sys.dbms_job.remove（1）；

commit；

exec sys.dbms_job.isubmit（1,'REFRESH_ALL_SNAPSHOT;', SYSDATE+1/1440, 'SYSDATE+4/1440'）；

commit；

5.8.3 监控数据量的增长情况

```
SQL> select
  2  A.tablespace_name,（1-（A.total）/B.total）*100 used_percent
  3  from（select tablespace_name, sum（bytes）total
  4  from dba_free_space group by tablespace_name）A,
  5  （select tablespace_name, sum（bytes）total
  6  from dba_data_files group by tablespace_name）B
  7  where A.tablespace_name=B.tablespace_name;
TABLESPACE_NAME          USED_PERCENT
------------------------ ------------
HOME_INDEX                       1.5
BLOG_DATA                        0.375
VIDEO_DATA                       0.25
VIDEO_INDEX                      0.25
SYS_DATA                         9.5
SYS_INDEX                        0.4375
CURRENCY_INDEX                   13
UNDOTBS1                         2.3055555555
SYSAUX                           47.875976562
```

根据本周每天的检查情况找到空间扩展很快的数据库对象,并采取相应的措施:

——删除历史数据

移动规定数据库中至少保留6个月的历史数据,所以以前的历史数据可以考虑备份,然后进行清除以便释放其所占的资源空间。

——扩表空间

```
alter tablespace <tablespace_name> add datafile '<file>' size <size> autoextend off;
```

注意:在数据库结构发生变化时,如增加了表空间,增加了数据文件或重做日志文件这些操作,都会造成Oracle数据库控制文件的变化,DBA应及时进行控制文件的备份。备份方法是执行SQL语句:

```
alter database backup controlfile to '/home/backup/control.bak';
```

或:

```
alter database backup controlfile to trace;
```

这样,会在USER_DUMP_DEST(初始化参数文件中指定)目录下生成创建控制文件的SQL命令。

5.8.4 检查失效的索引

```
Sql>select index_name, table_name, tablespace_name, status From dba_indexes Where owner= 'CTAIS2'
And status<> 'VALID';
```

注:分区表上的索引status为N/A是正常的,如有失效索引则对该索引做rebuild。如:

Sql>alter index INDEX_NAME rebuild tablespace TABLESPACE_NAME;

5.8.5 检查不起作用的约束

```
SELECT owner, constraint_name, table_name, constraint_type, status
FROM dba_constraints
WHERE status = 'DISABLE' and constraint_type= 'P';
```

如有失效约束则启用,如:

Sql>alter Table TABLE_NAME Enable Constraints CONSTRAINT_NAME;

5.8.6 检查无效的 trigger

```
SELECT owner, trigger_name, table_name, status FROM dba_triggers WHERE status = 'DISABLED';
```

如有失效触发器则启用，如：

Sql>alter Trigger TRIGGER_NAME Enable;

5.9 数据库导入导出

Oracle的备份是Oracle操作中常见的工作，常见的备份方案有：逻辑备份（IMP&EXP命令进行备份）、物理文件备份（脱机及联机备份）、利用RMAN（Recovery Manager）的增量物理文件系统备份。ORACLE数据库的逻辑备份分为四种模式：表空间备份（tablespace）、表备份（table）、用户备份（user）和完全备份（full）。Oracle的逻辑备份是使用IMP&EXP命令进行数据导入导出的操作。使用EXP命令导出或者使用IMP命令导入时，需要Create Session系统权限，但是如果要导出其他的表，必须拥有权限：EXP_FULL_DATABASE。

调用导入导出命令时，首先要估计所需的空间。EXP命令导出的文件是二进制文件（*.dmp）只能由对应的IMP命令进行读取恢复。导入导出的用途是：

备份与恢复

Oracle平台更换：可以在相同版本之间进行备份与恢复，Oracle较低版本的export数据文件可以import到高版本的Oracle数据库中，但是Oracle的版本只能是相邻的，不能跨版本。

5.9.1 EXP 导出数据

EXP命令可以在交互环境下导出数据库中的数据，也可以在非交互环境下执行命令。交互环境下的命令执行，是一步一步执行的过程。

代码演示：exp的交互环境

```
D:\>exp scott/tiger@my_orcl ①
Export: Release 10.2.0.3.0 – Production on 星期一 10月 19 17:04:14 2009
Copyright (c) 1982, 2005, Oracle. All rights reserved.
连接到：Oracle Database 10g Enterprise Edition Release 10.2.0.3.0 – Production
With the Partitioning, OLAP and Data Mining options
输入数组提取缓冲区大小: 4096 > ②
导出文件: EXPDAT.DMP > scott.dmp ③
(2)U(用户)，或(3)T(表): (2)U > 2 ④
```

导出权限(yes/no)：yes > yes ⑤
导出表数据(yes/no)：yes > yes ⑥
压缩区(yes/no)：yes > no ⑦
已导出 ZHS16GBK 字符集和 AL16UTF16 NCHAR 字符集
·正在导出 pre-schema 过程对象和操作
·正在导出用户 SCOTT 的外部函数库名
·导出 PUBLIC 类型同义词
·正在导出专用类型同义词
·正在导出用户 SCOTT 的对象类型定义
即将导出 SCOTT 的对象...
·正在导出数据库链接
·正在导出序号
·正在导出簇定义
·即将导出 SCOTT 的表通过常规路径...
· ·正在导出表   BONUS 导出了   0 行
·正在导出表   DEPT 导出了   10 行
·正在导出表   EMP 导出了   14 行
·正在导出表   SALGRADE 导出了   5 行
·正在导出表   TBLSTUDENT 导出了   3 行
·正在导出同义词
·正在导出视图
·正在导出存储过程
·正在导出运算符
·正在导出引用完整性约束条件
·正在导出触发器
·正在导出索引类型
·正在导出位图、功能性索引和可扩展索引
·正在导出后期表活动
·正在导出实体化视图
·正在导出快照日志
·正在导出作业队列
·正在导出刷新组和子组
·正在导出维
·正在导出 post-schema 过程对象和操作
·正在导出统计信息
成功终止导出，没有出现警告。
D:\>

代码解析：

①Exp是导出命令，该命令后面紧跟"用户名/密码@服务器网络连接"。

②Exp程序导出时使用的缓冲区大小，缓冲区越大，导出速度越快。直接回车代表使用默认值4096B。

③Exp命令会把所有要导出的数据导到一个Dmp文件中,该步骤是Exp询问导出的数据文件名称。

④Exp程序询问导出整个用户还是导出某个表。默认导出整个用户。

⑤Exp程序询问是否导出每张表的访问权限。默认导出访问权限。

⑥Exp程序询问是否导出表中的数据。默认导出数据库表中的数据。

⑦Oracle表中的数据可能来自不同的分区中的数据块,默认导出时会把所有的数据压缩在一个数据块上。IMP导入时,如果不存在连续一个大数据块,则会导入失败。

也可以使用Exp命令设置各种参数,使准备就绪的Exp命令不需要与用户交互,按照参数的要求,Exp命令会一次性执行导出工作。要指定参数,您可以使用关键字:

EXP KEYWORD=value 或 KEYWORD=(value1, value2, ..., valueN)

例如: EXP SCOTT/TIGER GRANTS=Y TABLES=(EMP, DEPT, MGR)

表5-1 EXR参数说明

参数名	说明
USERID	表示"用户名/密码"
BUFFER	数据缓冲区大小。以字节为单位,一般在64000以上
FILE	指定输出文件的路径和文件名。一般以.dmp为后缀名,注意该文件包括完整路径,但是路径必须存在,导出命令不能自动创建路径
COMPRESS	是否压缩导出,默认yes
GRANTS	是否导出权限,默认yes
INDEXES	是否导出索引,默认yes
DIRECT	是否直接导出,默认情况,数据先经过Oracle的数据缓冲区,然后再导出数据。
LOG	指定导出命令的日志所在的日志文件的位置
ROWS	是否导出数据行,默认导出所有数据
CONSTRAINTS	是否导出表的约束条件,默认yes
PARFILE	可以把各种参数配置为一个文本键值形式的文件,该参数可以指定参数文件的位置
TRIGGERS	是否导出触发器,默认值是yes
TABLES	表的名称列表,导出多个表可以使用逗号隔开
TABLESPACES	导出某一个表空间的数据
Owner	导出某一用户的数据
Full	导出数据库的所有数据。默认值是no
QUERY	把查询的结果导出

代码演示: exp的非交互环境

D:\>exp scott/tiger file=employee.dmp tables=(emp, dept)
Export: Release 10.2.0.3.0 - Production on 星期一 10月 19 17: 38: 25 2009
Copyright (c) 1982, 2005, Oracle. All rights reserved.

连接到: Oracle Database 10g Enterprise Edition Release 10.2.0.3.0 – Production
With the Partitioning, OLAP and Data Mining options
已导出 ZHS16GBK 字符集和 AL16UTF16 NCHAR 字符集
即将导出指定的表通过常规路径...
. . 正在导出表　　　　　　　EMP导出了　　14 行
. . 正在导出表　　　　　　　DEPT导出了　　10 行
成功终止导出，没有出现警告。
D: \>

5.9.2 IMP 导入

IMP程序导入就是把Exp导出的文件重新导入到数据库的过程。导入时也有一些重要的参数：

Fromuser: 指出导出时dmp文件中记载的用户信息。

Touser: dmp文件要导入到什么目标用户中。

Commit: 默认是N，在缓冲区满时是否需要commit；如果设为N，需要较大的回滚段。

Igore: Oracle在恢复数据的过程中，当恢复某个表时，该表已经存在，就要根据ignore参数的设置来决定如何操作。若ignore=y，Oracle不执行CREATE TABLE语句，直接将数据插入到表中。如果插入的记录违背了约束条件，比如主键约束，则出错的记录不会插入，但合法的记录会添加到表中。若ignore=n，Oracle不执行CREATE TABLE语句，同时也不会将数据插入到表中，而是忽略该表的错误，继续恢复下一个表。

代码演示: Imp导入

D: \>imp system/manager file=employee.dmp fromuser=scott touser=employee commit=y
Import: Release 10.2.0.3.0 – Production on 星期一 10月 19 17: 54: 51 2009
Copyright (c) 1982, 2005, Oracle. All rights reserved.
连接到: Oracle Database 10g Enterprise Edition Release 10.2.0.3.0 – Production
With the Partitioning, OLAP and Data Mining options
经由常规路径由 EXPORT: V10.02.01 创建的导出文件
警告: 这些对象由 SCOTT 导出，而不是当前用户
已经完成 ZHS16GBK 字符集和 AL16UTF16 NCHAR 字符集中的导入
. 正在将 SCOTT 的对象导入到 EMPLOYEE
. . 正在导入表　　　　　　"EMP" 导入了　　14 行
. . 正在导入表　　　　　　"DEPT" 导入了　　10 行
即将启用约束条件...
成功终止导入，没有出现警告。
D: \>

第6章 数据库仓库技术在数字图书馆中的应用

6.1 数据仓库

大家知道,管理信息系统早已成功地应用于全球的各行各业,并积累了大量的数据,基本上满足了用户对数据存储、查询和统计的需要。应该说,管理信息系统的成功得益于数据库技术的进一步完善。

随着社会的发展和技术的进步,信息已成为人类社会中除了物质、能源之外的第三大资源,社会的信息化,使信息量急剧增长,大量的信息来不及组织和处理。面对急剧增长的信息,对数据库系统的应用只停留在查询、统计等几个方面,远远没有发挥数据库中数据的作用和价值。

正如奈斯比特在《大趋势》中所说的:"我们正在被信息所淹没,但我们却由于缺乏知识而感到饥饿。"数据库容量的指数增长和对数据库应用的贫乏形成了强烈的反差,导致了大量的数据垃圾。由于大量的历史数据分布在不同的系统平台上,具有多种存储形式,放在不同的数据库中,难以综合访问,因而有人把这些数据称为"数据坟墓"。

另一方面,作为企业的领导和决策者希望从这些复杂的数据中得到有用的决策数据。

比如,超市的经营者希望知道哪些商品被同时购买,以便把它们放在一起,以增加销售;保险公司想知道购买保险的客户一般具有哪些特征,哪类人是它们的最大客户群;医学研究人员希望从已有的成千上万份病例中找出患某种疾病的病人的共同特征,从而为治愈这种疾病提供一些帮助等等。

对于这些问题,现有的管理信息系统中的数据分析工具很难给出答案,即传统的数据库应用系统并不能很好地支持决策,因为它是面向业务操作设计的,无论是查询、统计还是生成报表,其处理方式都是对指定的数据进行简单的数字处理,不能对这些数据所包含的内在信息进行提取。因此,企业需要新的技术来弥补原有数据库系统的不足。

6.1.1 数据仓库概念的提出

如何有效地管理企业在运营过程中产生的大量数据和信息,一直是IT业面临的重要问题。20世纪70年代出现的关系数据库为解决这一问题提供了强有力的工具,从20世纪80年代中期开始,随着市场竞争的加剧,信息系统用户不满足仅仅用计算机处理日复一日的运营数据,他们更需要的是从这些数据中得到有用的信息,以便于进行决策支持。这种需求使得在20世纪80年代后期出现了数据仓库思想的萌芽。

1988年Devlin和Murphy发表了一篇关于数据仓库论述的最早文章。1992年william H.Inmon 在《Building the Data Warehouse》一书中首先系统地阐述了关于数据仓库的思想、理论,从此数据仓库的研究和应用得到了广泛的关注,因而Inmon被人们尊称为"数据仓库之父"。

人们为什么不能在原数据库上作决策,而一定要建造数据仓库呢?

传统数据库对日常事务处理(联机事务处理)(On Line Transaction Process OLTP)十分理想,但是要使事务处理的数据库帮助决策分析就产生了很大的困难,其原因主要是传统数据库的处理方式和决策分析中的数据需求不相称,主要表现在:

6.1.1.1 决策处理的系统响应问题

在OLTP中,用户对系统和数据库的要求是数据存取频率要高,操作时间要快。在实际操作中,由于用户对数据操作时间的短暂,使系统在多用户的情况下,也可保持较高的系统响应时间。例如银行存取系统,银行联网运行实例。

在决策分析处理中,用户对系统和数据的要求则发生了很大的变化。在决策分析中,有的决策问题请求可能导致系统长达数小时的运行,有的决策分析问题的解决则需要遍历数据库中大部分数据,这就必定消耗大量的系统资源,这些是OLTP系统所无法承担的。因此,操作型数据和决策分析型数据必须分离。

6.1.1.2 决策数据需求的问题

(1)决策数据需要集成。在进行决策分析时,需要有全面的正确的集成数据,这些集成数据不仅包括企业内部各部门的有关数据,而且还要包括企业外部的甚至是竞争对手的相关数据。但在传统的DB中只存储了本部门的事务处理数据,而没有与决策有关的集成数据,更没有企业外部数据。如果将数据集成问题交给决策分析程序解决,将大大增加决策分析系统的负担，使原先执行时间冗长的系统运行时间更长，用户将更加难以接受。若每次用户进行一次决策分析都需进行一次数据的集成，将极大地降低系统运行效率。

（2）决策数据的集成需进行转换。企业的现行系统中数据凌乱，究其原因主要是历史原因，例如，在企业兼并活动完成后，被兼并企业的信息系统与原企业系统不兼容。有的是系统开发的短视所造成的，例如，开发的系统设计问题缺乏可扩充性，可移植性。有的则可能由于资金缺乏只考虑些关键系统的开发，而对其他系统未予以开发，使决策数据无法集成。因为在不同的应用系统中，可能存在同一实体的属性具有不同的数据类型，不同的字段名称，例如，客户的性别在销售系统中可能用"M"和"F"表示，在财务系统中可能用数字"0"和"1"表示，或者同名的字段在不同的应用中有不同的含义，这些同名异义或同义异名的数据在决策分析之前必须转换成相同的名称和格式。

（3）自然演化体系结构的问题。在决策分析中，系统经常需要从DB中抽取数据，然后将这些数据置于文件或数据库中供用户查询。这些被抽取出来的数据有可能被其他用户再次抽取，使企业的数据空间变成了一个错综复杂的数据"蜘蛛网"，即形成了自然演化体系结构。

在这个数据"蜘蛛网"中，有可能两个节点上的数据来自同一个原始数据库，但是由于数据抽取的时间基准、抽取方法、抽取级别等方面的差异，使这两个节点的数据不一致。这样，面对统一问题的决策分析，可能导致截然相反的答案，这就使得数据的可信度降低。

（4）与外部数据集成存在的问题。数据的集成还涉及外部数据与非结构化数据的应用问题，例如，行业的统计报告，咨询公司的市场调查分析数据，必须经过格式、类型的转换，才能被决策系统应用。许多系统在对数据进行一次集成以后就与原数据源断绝了联系，在决策分析中所用数据是早期数据，如一年以前的，这可能导致决策失误，因为传统数据系统缺乏决策数据动态更新的能力。

（5）决策分析需要汇总数据。在决策分析过程中，决策人员往往需要一些经过汇总、概括的数据，但传统的OLTP系统只保留一些非常详细的数据，这对决策不利。

6.1.1.3 决策数据操作的问题

在对数据的操作方式上，业务处理系统远远不能满足决策人员的需要。

OLTP系统是一种典型的结构体系，操作人员只能使用系统所提供的有限参数进行数据操作，而决策分析人员则希望以专业用户的身份使用各种工具对数据进行多种形式的操作，对数据操作的结果以商业智能的方式表达出来，但现有系统很难达到此要求。

由于系统响应问题、决策数据问题和决策数据操作问题的存在，导致企业无法使用现有的业务处理来满足决策分析的需要，因此决策分析需要一个能够不受传统事务处理的约束、高效率处理决策分析数据的支持环境，数据仓库则应运而生。

6.1.2 数据仓库的发展

数据仓库是一种新的数据处理体系结构，它是企业内部各部门业务数据进行统一和综合的中央数据仓库，它为企业决策支持系统提供所需的信息，它是一种信息管理技术，为预测利润、风险分析、市场分析，以及加强客户服务与营销活动等管理决策提供支持。

以辩证的眼光来看，数据仓库的兴起实际上是数据管理的一种回归，是螺旋式的上升。从目前的形势看，数据仓库已紧跟Internet而上，成为信息社会中获得企业竞争优势的关键。据美国Meta Group市场调查机构的资料表明，《幸福》杂志所列的全球2000家大公司中已有99%将Internet网络和数据仓库这两项技术列入企业计划。

数据仓库是从1995年开始盛行起来的，数据仓库作为数据库的高端扩展技术一直是一大热点，IBM所推崇的商业智能（BI），其核心就是数据仓库。微软的SQL Server7.0就已经绑定了OLAP服务器，将数据仓库功能集成到数据库中，并建立了数据仓库联盟。Oracle公司也有自己的Oracle Express系列OLAP产品，用来提供决策支持。

国内大部分数据库系统的建立是用来进行OLTP业务，也有一些企业建立了数据仓库系统，但真正发挥效用的却不多见。以数据仓库为基础的一些应用在国内已经过认识阶段，开始走上实践。

6.1.3 数据仓库的定义

6.1.3.1 数据仓库的定义

W.H.Inmon的定义：数据仓库是一个面向主题的、集成的、非易失的且随时间变化的数据集合，用来支持管理人员的决策。

其他定义：数据仓库是一种体系结构，是一种独立存在的、不影响其他已经运行的、业务系统的、语义一致的数据仓储，可以满足不同的数据存取、文档报告的需要。

数据仓库是一个不断发展的过程，将多个异质的原始数据融合在一起，用于支持结构化的在线查询、分析报告和决策支持。

6.1.3.2 数据仓库的基本特征

从W.H.Inmon关于数据仓库的定义中,可以发现数据仓库具有这样一些重要的特征:

(1)面向主题。

(2)数据集成性。

(3)数据的时变性。

(4)数据的非易失性。

(5)数据的集合性。

(6)支持决策的作用。

1)面向主题。

面向主题性表示数据仓库中数据组织的基本原则,数据仓库中的所有数据都是围绕着某一主题组织展开的。

从信息管理的角度看,主题就是在一个较高的管理层次上对信息系统中的数据按照某一具体的管理对象进行综合、归类所形成的分析对象。

从数据组织的角度看,主题就是一些数据集合,这些数据集合对分析对象进行了比较完整的、一致的数据描述,这种描述不仅涉及数据自身,还涉及数据之间的关系。

数据仓库的创建、使用都是围绕主题实现的,因此,必须了解如何按照决策分析来抽取主题,所抽取的主题应该包含哪些数据内容,这些数据内容应该如何组织。

例如,在企业销售管理中的管理人员,所关心的是本企业哪些产品销售量大,利润高?哪些客户采购的产品数量多?竞争对手的哪些产品对本企业产品构成威胁?根据这些管理决策的分析对象,就可以抽取出"产品"、"客户"等主题。

在主题的划分中,必须保证每个主题的独立性,也就是说,每一个主题要具有独立的内涵,明确的界限。在划分主题时,需要保证对主题进行分析时所需的数据都可以在此主题内找到,保证主题的完备性。

确定主题以后,需要确定主题应该包含的数据,此时应该注意不能将围绕主题的数据与业务处理系统的数据相混淆。

在主题的数据组织中应该注意,不同的主题之间可能出现相互重叠的信息,这种主题间重叠是逻辑的,而不是同一数据内容的物理存储重复。例如,"客户"主题与"产品"主题在产品购买信息方面有相互重叠的信息,是源于客户和产品都有关的销售业务处理系统。

2)数据集成性。

数据仓库的集成性是指根据决策分析的要求,将分散于各处的源数据进行抽取、筛选、清理、综合等集成工作,使DW中的数据具有集成性。

数据仓库在从业务处理系统那里获取数据时,并不能将原数据库中的数据直接加载到数据仓库中,而需要进行一系列的预处理。首先从原数据库中挑选出DW所需的数据;其次,将这些来自不同DB中的数据按照某一标准进行统一,将数据源中字段的同名异义、同义异名现象消除;其三,原数据装进数据仓库后,还需要进行某种程度的综合。

3)数据的时变性。

数据仓库的时变性,就是数据应随时间的推移而发生变化。具体表现为:①数据不断追加,按日、周、月,根据决策需要;②数据删除,超过一定期限删除;③概括数据的变化;④按时间进行综合的数据,按时间进行抽取后,重新进行概括处理——刷新。

4)数据的非易失性。

数据仓库的操作除了进行查询外,还可定期进行数据的加载,数据追加之后,一般不再修改,因此,数据仓库中的数据是非易失的。数据的非易失性,可以支持不同的用户在不同的时间查询相同的问题时获得相同的结果。

5)数据的集合性。

数据仓库的集合性意味着数据仓库必须以某种数据集合的形式存储起来。目前数据仓库所采用的数据集合方式主要是以多维数据库方式进行存储的多维模式,以关系数据库方式存储的关系模式或者两者相结合的方式存储的混合模式。

6)支持决策作用。

数据仓库组织的根本目的在于对决策的支持,不同层次的管理人员均可以利用DW进行决策分析,提高自己工作的管理决策质量和效果。因此,在数据仓库的实际应用中,其用户有高层的企业决策者、中层的管理者和基层的业务处理者。

6.1.3.2 数据仓库和传统数据库的区别

对比内容	数据库	数据仓库
数据内容	当前值	历史存档的、归纳的、计算的数据
数据目标	面向业务操作程序、重复处理	面向主题域、分析应用
数据特性	动态变化,按系统更新	静态不能直接更新,定期添加刷新
数据结构	高度结构化,复杂,适合操作计算	简单,适合分析
使用频率	高	中到低
数据访问量	每个事务只访问少量记录	有的事务可能要访问大量记录
对响应时间要求	以秒为单位计算	以秒、分,甚至小时为计算单位

6.1.4 数据仓库的未来发展及其应用

数据仓库是数据管理技术和市场上一个方兴未艾的领域,有着良好的发展前景,下面从技术、应用、市场等几方面探讨数据仓库的发展趋势。

6.1.4.1 数据仓库技术和应用

数据仓库技术的发展包括数据抽取、数据管理、数据表现和方法论等方面。

(1) 数据抽取。在数据抽取方面,未来的技术发展将集中在系统集成化,它将互联、转换、复制、调度、监控纳入标准化的统一管理,以适应数据仓库本身或数据源可能的变化,使系统更便于管理和维护。

(2) 数据管理。在数据管理方面,未来的发展将使数据库厂商明确推出数据仓库引擎,作为服务器产品与数据库服务器并驾齐驱,在这一方面,带有决策支持扩展的并行关系数据库将最具发展潜力。

(3) 数据表现。在数据表现方面,数理统计的算法和功能将普遍集成到联机分析产品中,同时与Internet/Web技术紧密结合,推出适用于Internet和终端免维护的数据仓库访问前端,在这个方面,按行业应用特征细化的数据仓库用户前端软件,将成为产品作为数据仓库解决方案的一部分。

(4) 方法论。数据仓库实现过程的方法论将更加普及,成为数据库设计的一个分支,成为管理信息系统设计的必备。

6.1.4.2 数据仓库的市场

(1) 厂商。对于提供数据仓库产品和解决方案的厂商来说,严酷的市场竞争是永恒的主题,未来的发展将表现为不提供完整解决方案的厂商可能被其他公司收购。例如,从事数据抽取,提供专用工具的软件公司很可能并入大型数据库厂商而去构建完整的解决方案。能够持续发展的厂商大致有两类:一是拥有强大的数据库、数据管理背景的公司,二是专门提供面向具体行业的关于数据仓库实施技术的咨询公司。

(2) 用户。从用户的角度看,数据管理在传统领域如金融、保险、电信等行业有其特定应用,如信用分析、风险分析、欺诈检测等是数据仓库的主要市场。

总之,数据仓库是一项基于数据管理和利用的综合性技术和解决方案,它将成为数据库市场的新一轮增长点,同时也成为下一代应用系统的重要组成部分。

数据仓库技术其实也不神秘，至少比绝大多数统计学定理来的简单，用户能在数据仓库的实施和使用中获得满意的效果。

6.1.4.3 数据仓库的应用

数据仓库在商业职能方面的应用可以将企业及用户带入领先的竞争优势环境，企业在商业智能上的战略性投资同样能够得到有效的回报。

目前，我们国家的数据仓库虽然得到发展，但与国外相比，只能算刚刚起步，存在很多不足：

(1) 计算机应用水平低，无法提出决策支持需求。

(2) 缺乏数据仓库方面的人才。数据仓库是一个实践性很强的技术，需要一个相对实力较高的小组来完成。在目前用户不成熟的情况下，需要设计者能够站在CIO或CEO的角度来设身处地为客户着想，帮助客户挖掘深层次的决策支持需求。

(3) 缺乏以国内环境为背景的范例和成功应用。

(4) 数据仓库概念过大，很多用户感觉可望而不可即。

但是国内的数据仓库市场是非常广阔的，如果谁能够首先解决这些问题，做出一个成功的有足够说服力的数据仓库应用，谁就可以在这个市场上领先一步，并迅速占领市场。

6.2 数字图书馆

6.2.1 数字图书馆的定义

数字图书馆（Digital Library）究竟是什么？目前，国内外关于数字图书馆的定义有近百种，没有形成一致的见解，在此列举几个较有代表性的定义：

数字图书馆是一个分布式的信息环境，其相关技术使得创建、传播、处理、存储、整合和利用信息的困难大幅降低。

数字图书馆是一系列的信息资源，以及相关的将这些资源组织起来的技术手段，如创建、检索、利用信息的技术。涵盖了现有分布式网络中所有数字媒体类型（文本、图像、声音、动态图像等）的存储和检索系统。这是美国国家科学基金会资助的一项有关数字图书馆的项目中给数字图书馆下的定义。

数字图书馆是分布式计算机网络环境中信息资源的主要形式,提供国家信息基础设施(NII)和关键性的管理技术,并提供其主要的信息资源库。

由于目前数字图书馆属新生事物,有关专家学者从各个不同的侧面各抒己见,因而众说纷纭。比照各家说法,大体可概括为:它是建立于计算机网络技术上的数据库信息系统,它的组织方式是一个互连化网状结构;它使用新的存储技术,存储信息用电磁介质,按二进制编码的方法加以存储和管理,各种文献载体将被数字化,可以存储和管理海量数据;"馆藏"不局限于本馆或一地文献,没有时空的局限;在检索模式上是以全文检索、多种媒介、多种语言为特征的;它的服务模式是以用户为主,有一个统一的用户界面和参考咨询系统。

虽然对数字图书馆我们不能给出一个规范的、权威的定义,但是,从不同的定义中,我们却可以发现一些共同点,即数字图书馆必须具有的本质性的特征。首先,数字化资源。数字图书馆可以说是海量数据的存储管理区,大量的数字化资源是数字图书馆的"物质"基础。其次,网络化存取。数字图书馆依赖于网络而存在,它的各项业务主张和服务方式都是以网络为工具或载体。再次,分布式管理。它意味着全球数字图书馆遵循统一的访问协议之后,可以实现真正意义的资源共享。数字图书馆可以有许多不同的表现形式,但是,从根本上看,它就是利用网络设施将数字化的信息资源,通过多种检索途径快速、有效地提供给用户的一种全新的图书馆形态。

从目前情况看,美国的互联网研究在世界上还处于领先地位,其在数字图书馆方面的研究很有借鉴意义。他们认为,数字图书馆研究实际上是研究网络信息系统,与一般意义的网络信息系统不同的是,数字图书馆与以因特网环境为代表的分布环境密不可分,需要解决的关键性技术问题是跨越大的信息资源集搜索并显示所需信息,研究的核心是"开发能够有效地大规模地处理网络上信息的必要结构"。美国密执安大学的研究人员给数字图书馆下的定义是这样的:"'一个数字图书馆'是若干个联合结构的总称,它使人们能够智能地、物理地存取巨大的且不断增长的全球网络上以多媒体编码的信息。"美国研究图书馆学会(ARL)归纳出的数字图书馆的五个定义要素与之基本一致。

(1)数字图书馆不是一个单一实体。

(2)数字图书馆需要使用技术来连接众多资源。

(3)对最终用户而言,多个数字图书馆和信息服务之间的链接是透明的。

(4)广泛地存取数字图书馆和信息是一个目标。

(5)数字图书馆馆藏并不局限于替代文献,其范围扩展至不能以印刷形式表达和分发的数字人工制品。

6.2.2 数字图书馆的特征

与我们熟悉的传统图书馆不同,数字图书馆一般具备以下一些特征:

(1)数字化图书馆是一个多媒体的数字信息资源库。海量的信息和数据以文本、图形、声音等形式存储于磁介质(硬盘、磁带机)、光介质及磁光介质上,供人们随时调用、查阅。

(2)在虚拟的网络空间中独立、单一出现的数字化图书馆在地理上是分布式存在的。这样,就可通过计算机网络实现远距离访问与跨库查询。作为一个图书馆群体的概念,可以说,数字化图书馆是由一个地域国家的众多图书馆、信息资源单位组成的联合体。

(3)数字化图书馆内的信息组织必须按照标准格式进行。也就是说,数据库中的一切信息资源都是有序的、标准化地进行组织和管理的。

(4)数字化图书馆是在计算机网络上运行并以网络为访问媒介的,通过宽带高速网络实现对图书馆中数据的大量存取。

(5)数字化图书馆的开发建立可以说是当代四种先进技术结合的产物。即计算机、通讯和网络技术、高密度存储技术以及多媒体技术有机结合的产物,并且还引进了大量数据库技术及概念,如数据仓库、数据挖掘技术、数据推送技术等。

(6)数字化图书馆为读者提供了方便、快捷、全面的服务。笼统地说,数字图书馆是超大规模的,可以跨库检索的海量数字化信息资源库。它具备收藏数字化、操作电脑化、传递网络化、存储自由化、资源共享化和结构连接化等特点。所以,数字图书馆的简要特征是:信息存储数字化、支持网络多元化、信息共享网络化。

6.2.3 数字图书馆的功能

(1)各种载体的数字化。世界历史发展到现代文明,有许多文化遗产需要保护,许多记录人类社会历史的珍本需要数字化。今天,这些都可用扫描进行数字化处理,若是彩色图像,还可用数字照相技术,实现对高分辨率彩色图像的获取。

七八十年代缩微技术的发展,不少重要文献已制成缩微制品,包括缩微胶卷和缩微平片等,可利用计算机和相关设备,将这些资料数字化。

关于录音、录像、电影胶卷、胶片唱片等可采用各个公司提供的带压缩技术来处理。目前,主要采用三种压缩标准:即MPEG(MPEG-1和MPEG-2)、DVI和H.261。选择较优秀的工具,经过压缩的视频信息仍然是极其逼真的。

总之，新创建的各种数字信息，可以用各个成熟产品进行多种写作、识别、压缩和转化来录入。

（2）数据的存储和管理。当前，数字化图书馆大多数采用客户机/服务器的模式，客户、图书馆服务器和对象服务器构成信息传递的核心结构。图书馆服务器主要管理数据的目录、索引和查询，而对象服务器用于管理数字化的对象（即各种类型载体的原文献），当对象数据直接到达客户的时候，就实现了图书馆对象数据的传送。

总之，数字图书馆很关键的问题是采用电子技术来存储和管理大量的数字化信息。系统提供给用户的是简单而且友好的界面。用户无需考虑信息存放在哪个图书馆，可以从办公室、家或其他任何地方，便捷地访问到所需的信息。

（3）组织有效的访问和查询。更有效的文本数据库查询技术和多媒体资料的查询策略，也是数字图书馆的重要技术。文本类型的文件检索，传统的基于关键字索引，以及标准的基于布尔代数的查询已经不能适应网络的发展，目前在网上已出现了快速全文检索软件。一种概念空间检索模型出现，文件都以词集以及它们的权重来索引，用户可按自然语言方式输入查询命令，系统将自动抽取关键词，进行概念匹配，进而与文件的索引信息进行相似性比较，按相似性的高低列出查询结果。现在，基于HTML语言的回溯和超链接的浏览功能，也使用户们能便捷地查看各个查询结果。其他研究中的新技术都是为了扩大查询范围，使查询更方便、更可靠、更准确、更全面。它们都可应用于对数字图书馆资料的查询。

（4）数字化资料的传送。多媒体网络为DL提供了一个资料的传输环境。今后的NII和GII就是最好的环境。可以说，综合业务数字网（ISDN），目前已成为多媒体通讯的基本传输网络。多媒体信息传送要求较大的带宽，如对应上述三种压缩标准：MPEG需要1.2~40Mbps带宽，DVI则需要1.2~1.8Mbps带宽，H.261需要0.064~2Mbps带宽。在实际中，至少需单向1.4Mbps的音、视频总带宽进行传输，才能看到质量较好的视频图像；还有最大的传输延迟为60MS，两个人之间的正常对话才能维持；另外，还有多点通讯和可靠性、安全性等问题。

6.2.4 数字图书馆的研究类型

数字图书馆的研究大体可分为三种类型：即技术主导型、资源主导型和服务主导型。

（1）技术主导型。以涉及数字图书馆资源获取、存储、组织、检索、发布、版权管理等方面的技术创新和开发为主要目标，以DLI-1和DLI-2为代表。

（2）资源主导型。以资源数字化为目标，借助一定的技术手段（主要是已有的、成型的技术），提供因特网资源浏览，以"美国记忆"为代表。

(3)服务主导型。以各种类型的事例和系统服务为目标,结合各种先进的服务手段(如个性化服务、电子商务等)来进行深层次的服务,是转型期的必然选择。

6.2.5 数字图书馆的基本结构与组成

6.2.5.1 数字图书馆的基本结构模型

图书馆信息服务的基本模型始终是"信息源-图书馆-读者"构成的三角架构,图书馆充当一个知识整理中间人的角色。计算机与网络的出现使图书馆的信息服务能够更为全面、及时、准确、高效,数字图书馆技术在各个环节上加固了这种模型,使信息社会中图书馆充分发挥作用,产生社会效益。数字图书馆的基本结构模型如图6-1所示:

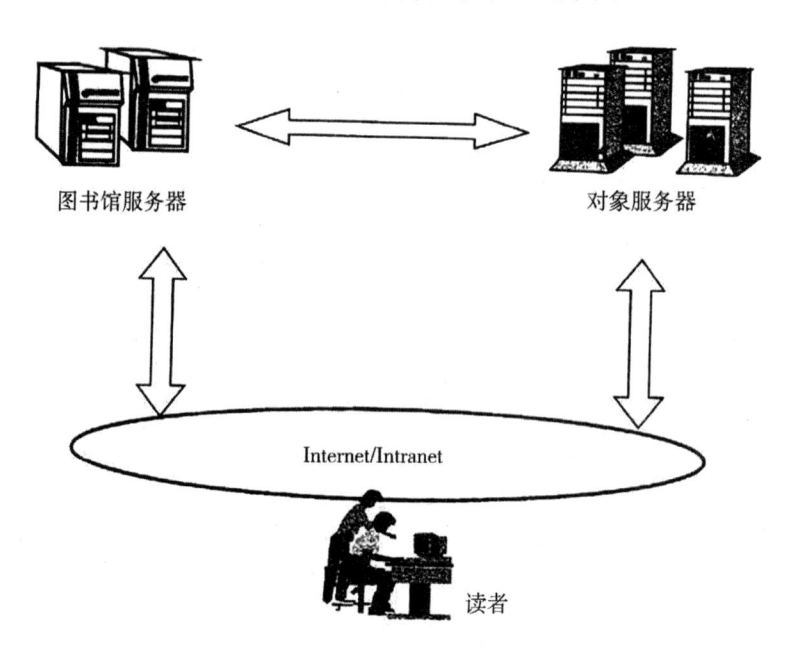

图6-1 数字图书馆的基本结构模型

图6-1中,图书馆服务器的作用是负责管理目录数据的索引和查询,对象服务器负责管理数字化数据,即信息源,可以由图书馆设立,也可以由任何社会信息部门设立。它们与读者构成三角形架构。读者通过广域网或图书馆内部的局域网(电子阅览室)发出查询请求,经web服务器处理后传递给图书馆服务器(类似于查询目录卡片),图书馆服务器将查询结果通知对象服务器,并由对象服务器取出最终结果送给读者,这就实现了数字图书馆对象数据的发布。在数字化资料的传送上,Internet为数字图书馆提供了一个信息的传输环境。

6.2.5.2 数字图书馆的系统组成

根据数字图书馆多媒体数据库系统的基本特征以及Internet网络上的数据库应用的发展趋势，Internet环境下的数字图书馆系统由用户（浏览器）、Web服务器、多媒体数据库服务器、数据库的创建与维护系统四部分组成。

（1）在Internet网上，最常用的信息访问就是浏览器，通过浏览器不仅可以访问丰富的Web信息，而且还可以通过Java接口、CGI接口或API接口对数据库进行存取，获得动态的Web数据，扩展了可访问的信息源。

（2）Web服务器提供Internet服务，管理HTML构成的信息空间，并提供对数据库的存取接口。基于内容的检索引擎也可以嵌入到Web服务器中，对Web的信息进行检索。

（3）多媒体数据库由MDBMS内核引擎（包括事务管理、查询优化、恢复管理和常规数据的存储管理等）、基于内容的检索引擎和层次型存储管理系统构成。实用的多媒体数据库系统也应具有管理常规数据的能力。

（4）数据库创建和维护系统负责创建和定义数据库，并对数据库进行插入、删除、改写等维护工作。对于多媒体数据，要经过特征提取处理，特征和原始数据分别插入到数据库中，并针对多维特征建立索引。

数字图书馆系统包含以下内容：一定规模并从内容或主题上相对独立的数字化资源；可用于广域网（目前主要是Internet）服务的网络设备和通信条件；一整套符合标准规范的数字图书馆赖以运作的软件系统，主要分信息的获取与创建、存储与管理、访问与查询、动态发布以及权限管理等模块；数字图书馆的维护管理和用户服务。数字图书馆的系统如图6-2所示。

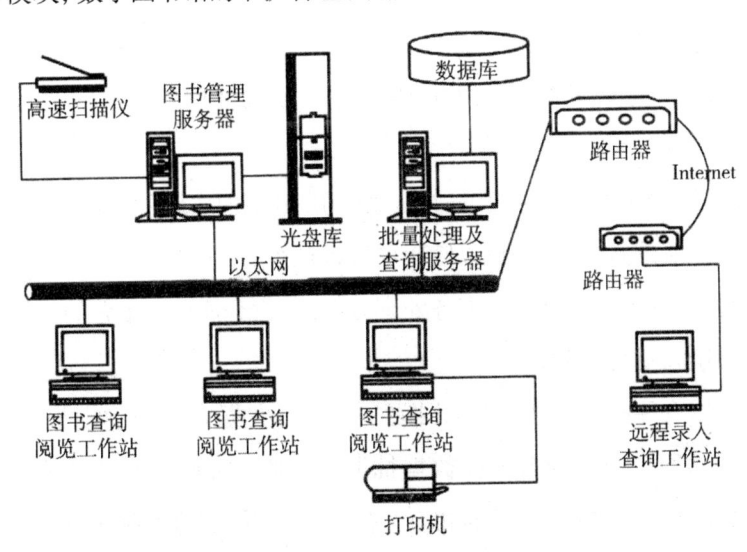

图6-2 数字图书馆的系统组成示意图

6.2.6 数字图书馆基本原理与技术

数字图书馆是以数据库为基础的,在数字图书馆的数据库中,各种信息文献载体必须是数字化的。在数字图书馆系统中可以利用高速扫描仪将现有资料数字化。在数字图书馆将现有资料数字化的过程中,其信息量是非常巨大的。大约100万册的图书资料,被数字化后,大约需20TB存储空间(1TB=103GB=106MB,即100万兆字节)。其次是要对大量的多媒体数据进行存储、管理和索引。在数据的存储上,可以利用光盘库或磁盘阵列对海量数据进行存储。在数据的管理上,数字图书馆采用客户机/服务器的模式。客户(查询工作站)、图书馆服务器和数据库构成信息传递的核心结构。图书馆管理服务器主要管理数据的目录、索引和查询,而查询服务器用于管理数字化的资源。

6.3 数据仓库技术在数字图书馆中的应用

6.3.1 数据仓库技术在数字图书馆建设中的可能性和必要性

在对数字图书馆的需求和数据仓库特点的分析过程中我们发现,由于数字图书馆信息服务和信息技术是高度集成的,因此如何针对管理人员和用户特定的信息需求,采集、加工、存储和利用图书馆的信息资源是图书馆发展中必须解决的一个重要技术问题。而数据仓库拥有强大的信息处理能力和内在的稳定性,恰恰能够帮助数字图书馆实现其基本需求。

第一,将数据仓库技术引入数字图书馆建设中,其面向主题的信息组织,就能使信息内容形成更容易被人所理解的语义,可以使用更接近自然语言的检索方式,并最终形成容易理解的"知识"。另外,在数字图书馆的事务处理方面,数据仓库面向主题的信息组织能够高效地完成数字图书馆某一方面的要求。

第二,将数据仓库技术引入数字图书馆建设中,数据仓库的集成能力能够解决异构数据的问题。在对原有分散的数据库数据抽取、清理的基础上经过系统加工、汇总和整理,不仅能够整合异构的数据,使之标准化、有序化,还能够过滤掉无效的信息,减少检索过程中所产生的不便,提高查询结果的准确性。也就是说,数据仓库可以解决大量异构数据的集成问题,配合标准的元数据规范,能够形成标准化的数据,能够解决数字资源共享的瓶颈。

第三,将数据仓库技术引入数字图书馆建设中,能够使数字图书馆更广泛有效地实现资源供给。数据仓库诱人之处在于它强大而且高效率的数据查询能力,并且它能够对既往数据进行长期保存并能够分析这些数据,并通过联机分析和数据挖掘形成直观的报表和报告,最终提供用户所需要的"知识",这些都满足了数字图书馆实现有效资源供给的需求。

第四,数据仓库内在的稳定性能够避免人为地对关键数据的删除和修改。数据仓库核心库的冗余设计也为数字图书馆的海量数字资源提供了必要的安全保障。

最后,也是最关键的一点,数据仓库是一个完整的体系,不存在多个系统间产生的异构和瓶颈,可以避免各种中间件开发所带来的不稳定等其他问题。综上所述,我们不难发现,数据仓库能够提供给数字图书馆一个系统的信息资源解决方案。从理论上讲,在数字图书馆的建设中引入数据仓库这一技术是可行的,也是必要的。

6.3.2 数据仓库技术的应用

6.3.2.1 数字图书馆中的数据仓库结构

数据仓库最早是应用于企业决策支持的一项技术,把这项技术引入到数字图书馆建设中来,就要使其适应数字图书馆的要求。那么我们首先面临的问题就是适应数字图书馆的数据仓库结构如何建立。

6.3.2.1.1 **数字图书馆中数据仓库的体系结构**

很多数据仓库的设计者和研究者都认为数据仓库不是静态的概念,只有把信息及时提供给需要这些信息的使用者,供他们作出有益的决策,信息才能发挥作用,信息才能实现自身意义。而把信息进行整理、归纳和重组,并及时地提供给相应的用户,是数据仓库的根本任务。因此,数据仓库建设可以看做是一个工程和一个过程。把数据仓库看做是一个信息提供的动态过程更有助于我们理解数据仓库和普通关系型数据库的区别,也使我们能更容易理解数据仓库的结构。数据仓库的结构示意图如图6-4所示。

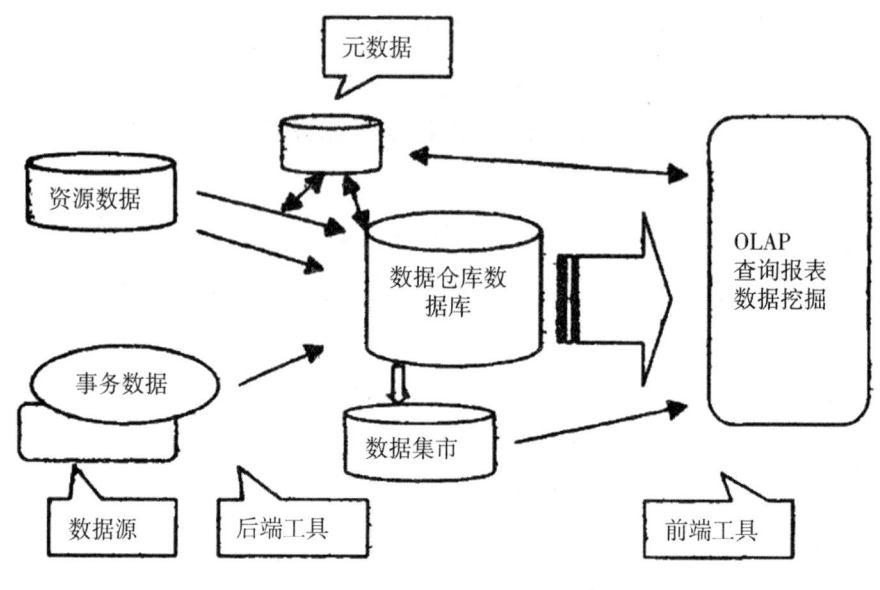

图6-4 数据仓库的结构示意图

如图所示,数据仓库系统是由数据仓库数据库、数据源、后端工具、元数据和前端工具五部分组成。

第一,是数据源。数据源提供原始数据,它包括内部数据和外部数据。这些是未经整理的数据,大部分是异构的,而且存在大量的重复和不可用信息。这些数据甚至要包括用户使用的历史记录等内容,用大量的、细节的数据才能够构建出理想的数据仓库。它包括数据源组、数据源。数据源组包括若干数据源,数据源又包括若干数据集。数字图书馆的数据源主要来自两个方面资源数据和日常事务数据。其中资源数据是指传统的数字资源,包括管理人员和读者的基本情况、图书馆所购买的数字资源和自建的资源等等。资源数据的特点是结构完整,数据格式规范。它是数字图书馆提供信息服务的资源基础。日常事务数据比较复杂和繁琐,它记录了包括读者的使用频率、对资源的需求情况、检索结果的最终取舍情况等等事务型的数据。其特点是,非结构化、难以规范、描述性的数据很多。但是它对于分析读者类型和偏好,为读者提供有效的服务和为管理人员提供决策提供了有力的数据支持。

第二,后端工具。后端工具的作用主要是根据数据仓库的主题要求,对数据进行建模。确定从数据源到数据仓库抽取、清洗和转换的过程,划分维数以及确定数据仓库的物理存储结构。此外,它还负责数据的安全、归档、备份、维护以及恢复等工作。数据的集成和维护这些底层工作都是由这一部分来完成。它解决了大量数据的事务处理和异构数据的集成。

第三,元数据。元数据是描述数据仓库内数据的结构和建立方法的数据。按照作用不同,通常分为两类:技术元数据和业务元数据。技术元数据是数据仓库的设计和管理人员用于开发和日常管理数据仓库使用的数据。它包括数据源信息、数据转换的描述、数据仓库内对象和数据结构的定义、数据清理和数据更新时用的规则、源数据到目的数据的映射、用户访问权限、数据备份历史记录、数据导入历史记录和信息发布历史记录等。业务元数据从具体事务的角度描述了数据仓库中的数据。包括事务主题的描述,还有包含的数据、查询、报表等。元数据为访问数据仓库提供了一个信息目录,这个目录全面描述了数据仓库中都有什么数据,这些数据是怎么得到的和怎么访问这些数据。它是数据仓库运行和维护的中心,数据仓库服务器利用它来存贮和更新数据,用户通过它来了解和访问数据。

第四,数据仓库数据库。数据仓库数据库是整个数据仓库环境的核心,是数据存放的地方和提供对数据检索的支持。相对于操纵型数据库来说,其突出的特点是对海量数据的支持和快速的检索技术。数据仓库其中的数据按主题组织,包括细节数据、汇总数据表如数据立方和数据集市。细节数据是在数据源相应数据集的基础上经过清洗和转换集成后生成的,基本与源数据集相对应,它记录了数字图书馆业务的详细历史数据。汇总数据表又称数据立方,是为了能够实时地对数据从多个角度维进行汇总分析,对细节数据进行汇总处理所生成的数据集,它包括汇总层次维表和所分析的变量表。数据集市是为了各种特殊需要从细节数据导出的数据表,特别是为一些需要经常在多个表间进行的查询、分析处理而设置的数据表。也可以说是为了特定的应用目的或应用范围,而从数据仓库中独立出来的一部分数据,也可称为部门数据或主题数据。在数据仓库的建设过程中往往可以从一个部门或者主题的数据集市着手,以后再用几个数据集市组成一个完整的数据仓库。

最后,前端工具。它为用户访问和利用数据仓库提供各种手段。它包括数据查询和报表工具、应用开发工具、管理信息系统工具、在线分析工具和数据挖掘工具等。它是最终面向用户的,为用户提供信息服务的部分。

6.3.2.1.2 数字图书馆中数据仓库的逻辑结构

数据仓库是存储数据的一种组织形式,它从传统数据库中获得原始数据,先按辅助决策的主题要求形成当前基本数据层,再按综合决策的要求形成综合数据层,可分为轻度综合层和高度综合层。随着时间的推移,由时间控制机制将当前基本数据层转为历史数据层。可见数据仓库中逻辑结构数据由层到层数据组成,它们均由元数据组织而成。

第一,基本数据。基本数据就是数量巨大的事务数据。它从传统数据库中取得,包含了日常事务和过程。其他更高层次的数据都是通过对它的处理获得的。

第二,历史基础数据。过时的基础数据被数据仓库转换为历史基础数据,为用户提供回溯和分析历史数据。

第三,综合数据。综合数据是从基础数据中加工提取出来的,它是更高层次的数据,具有更高的集成性，为高度综合数据提供素材。

总之，数据仓库作为一个完整的信息提供系统，它能够帮助数字图书馆完成对指定资源的搜集、整理，能够按照主题集成资源，使之形成规范的、有层次的数据体系，并且能提供满意的查询结果和为管理人员生成易于理解的图表、报表和分析报告。

6.3.2.2 数字图书馆功能模块分析

由于数字图书馆系统从技术上讲是一个数据仓库系统，因此，其功能模块与数据仓库系统功能模块有很大程度的相似甚至相同。但由于数字图书馆并不是一个实体，或者说是一个现实意义的图书馆，而是一个网络信息源的整合，由地理位置上分散、结构上各有差异的信息源组成，所以又和一般意义的数据仓库系统有较大的差别。

6.3.2.2.1 **数据获取模块**

这是系统中最基础的一个模块，实现从各类数据源抓取数据，并对原始数据进行必要的清洁、增强和转换，使数据符合数据仓库所要求的规则，并加载到数据仓库中去。这些规则对数据源进行了界定，数据仓库中的数据就是从这些数据源中获取的。规则还规定了在把数据加载到数据仓库数据库中去之前对它所做的清洁和增强。可使用工具来实现，如数据复制工具等。在具体应用中，需考虑数字图书馆中数据存储、访问的特殊要求，进行相应的改造或者根据需要自主开发数据获取工具。

支持数据获取的产品主要有四类：

（1）代码生成器。能产生专用的数据获取程序。这些产品的目标是在数据结构定义和有数据获取模块规定的清洁规则和增强定义的基础上，生成专用的获取程序。

（2）数据复制工具。许多数据库开发商都提供数据复制产品。这类产品能捕捉一个系统中源数据库的变化，并将这些变化加到位于另一系统中的源数据库副本上去。在数据源的数目和所需的数据清洁量都很小时，可以用这些工具建立数据仓库。

（3）数据泵。通常是在既非源数据库系统也非目标数据库系统的服务器上运行。这些产品在用户确定的间歇将数据吸入泵服务器中，消除或增强这些数据，然后将得出的数据送入（并加入）目标数据库中去。通常是在泵服务器界定的脚本或功能逻辑的基础上进行消除和增强。这些产品用于建立小的部门性仓库，而不是大的企业仓库。

（4）数据再生工具。这些工具用于处理数据清洁和增强。有些工具注重数据的结构变化，而另一些工具则用于处理数据内容（例如名称数据和地址数据）的清洁。在某些情况下，这些产品也与其他数据获取工具结合使用。

（5）广义数据获取工具和设备。这些产品能从源系统中将数据拷贝到目标系统上去。支持数据从源系统到目标系统的其他工具还有很多，但是它们都不属于前面提到的那几类产品。这些产品在性能和折冲数据仓库系统的数据集成、清洁和增强要求的能力上都各不相同。

6.3.2.2.2 数据管理员模块

这是系统中其他模块用来生成、管理和访问仓库中数据的（很可能还有元数据的模块）。系统所使用的数据管理程序通常既可以是RDBMS，也可以是多维DBMS（MDBMS）。数据仓库DBMS的要求要比操作OTLP应用程序的要求高，这里要考虑的重要因素有可伸缩性（数据库规模，查询的复杂性，用户的数目，维的数目，基本硬件对软件的利用程度）和性能（实用操作和复杂查询处理）。随着查询复杂性和数据库规模的增大，必须考虑使用并行硬件和并行数据库软件，才能获得令人满意的性能。

6.3.2.2.3 数据存储和管理模块

数字图书馆所处理的数据可以是文本、声音、图形、图像等各种类型的数字化信息，在其数据仓库中要以标准化的格式存储，并对每一种类型的对象定义它们的索引、目录信息。这部分功能主要由DBMS来实现。

6.3.2.2.4 分布式系统管理模块

即系统管理模块，包括一整套用于维护数据仓库环境的系统管理服务。这些服务包括管理数据获取操作，将仓库数据归档、备份和恢复数据，访问系统中数据的授权，以及管理和调试数据访问操作。目前专门为管理数据仓库系统而设计的工具很少，大多数数据仓库管理者都是用仓库DBMS来完成这些工作。由于逻辑上独立的数字图书馆是一个面向对象的、分布式的信息网络体系结构，是跨系统、跨平台的，所以必须采用分布式的体系结构，相应的系统管理也必须是分布式的。

6.3.2.2.5 数据检索和访问模块

这是系统功能的表现模块之一，提供各类检索和访问工具。如支持信息的属性检索、文本挖掘工具、基于内容的检索等，以及各类分析工具，如数据分析、内容分析等。

6.3.2.2.6 信息发布模块

支持数字化信息的发布。

6.3.2.2.7 中间件模块

实际上并不是一个单一功能的模块，它可以实现多种功能。如将数据仓库与最终用户连接，将多个数据仓库集成，连接构成一个统一视图的虚拟数据仓库等。标准数据库中间件可以用于完成这项工作，但开发商正开始推出专门为数据仓库环境设计的中间件。这些专门的中间件有两种：智能数据仓库中间件，它能为最终用户提供从业务角度看数据仓库的视角，并能监视和跟踪对仓库数据的访问情况;分析服务器,它能改善对关系DBMS数据进行多维数据分析的效果。

6.3.2.2.8 信息目录模块

能帮助技术用户和业务用户访问和利用数据仓库系统,实现对系统中数据仓库元数据的维护和管理。这类元数据可以在数据仓库设计和开发过程中由仓库开发人员和管理人员生成,并且/或者可以从外部产品中输入,如DBMS系统目录、程序库CASE工具和DSS工具。元数据还可以在进行数据获取操作和访问仓库数据时产生。信息目录的主要元素有元数据管理员、技术元数据和业务元数据,以及信息助理(有时称信息领航员)。信息目录产品主要有两类:

(1)纲目库和数据库目录,它们最初是为开发业务应用程序而设计的,但是现在正在转向支持业务最终用户。

(2)业务信息目录,它们是为数据仓库而设计的,侧重于业务元数据,能支持业务用户访问数据仓库系统。

6.3.2.3 数字图书馆在数据仓库中涉及的关键技术

由于数据仓库技术本身并不是一门单一的技术,它是多种先进技术的总称和综合应用。因此,在采用数据仓库技术建设数字图书馆系统时涉及很多具体的关键技术。

6.3.2.3.1 数字图书馆系统的软件开发技术

数字图书馆也好,数据仓库也好,都不是即插即用的软件,都是反复完善的过程。目前在数字图书馆的项目实施过程中,软件的二次开发将是一个重点。即使是BIM提供的解决方案中,也需要用户或集成商进行大量的软件设计工作。而对建立数字图书馆系统来说,大量的软件设计开发是必不可少的。软件的开发将主要是面向对象的软件重用和可视化开发。

在BIM的开发环境中,大量的开发工作将使用API和专门的Server来进行,如:C++API,AetiveXAPI,Java SVP API,JvaaBenas等。其他的一些数字图书馆项目在应用软件的提供上也大量地采用提供组件的方式。数字图书馆系统的软件开发将以面向对象技术为基础,以可视化开发、ICASE和软件组件连接相结合的方式来进行,这也是今后软件开发的主要方式。由于数字图书馆系统处理的信息范围将日益扩大,灵活的软件开发技术和方法将使系统的开发和未来系统功能的扩展更易于实现。

6.3.2.3.2 数字化信息生成技术

数字化信息生成技术大致可以分为两类:一类是将大量现存的以不同形式和载体存贮的信息资料数字化,如将文字资料、图片、声像资料等转换成方便计算机处理的数字化信息。直接用于该项任务的技术包括图形扫描与处理，文字、图像、语音识别、转换，以及对数字化初始信息的各种再加工技术。另一类则是直接生成数字化资料的技术与方法。信息资料数字化后，直接方便了信息的压缩与高效存贮，并能有效地降低信息传输成本，从而从根本上促进信息服务业的深入发展。近年来，这两类技术都有不同程度的发展，但针对一些特殊信息（如图形、图像、声音等多媒体信息和中文信息等）的实用化处理技术还有待于进一步发展。目前，有许多公司或单位声称已成功地开发出了这方面的产品，但从使用的角度来看，其技术指标差异很大，其中部分产品距使用还有相当大的距离。尤其是多媒体信息的数字化转换与加工处理技术，在原理与方法上都还需要做大量的研究探索，因此仍然是当前研究的重点与热点。

6.3.2.3.3 信息资源的组织与检索技术

传统图书馆的信息采集、加工（分类、编目）、形成MARC记录、提供二次文献检索等手段在信息技术高速发展的今天，已经不能够满足用户的需求。随着数字化信息生成技术的发展和信息处理范围的不断扩大，数字图书馆系统的信息资源将日益丰富多样，从而对信息资源的组织和检索技术也提出了新的要求。信息检索技术已由字段检索、全文检索向内容检索、搜索引擎等方向发展。同时在信息资源的描述上也出现了元数据、资源描述框架等对信息本身进行说明的标准或方案。

目前，对文本信息的检索已基本能够实现全文检索，并达到了不受语种限制的全文匹配水平。同时，超文本检索技术的发展也很快，在实现字符匹配的基础上正向实现概念匹配的方向发展。目前的新型全文检索已经有三种主要实现方法：①采用自由指定的检索项（如关键词字符串等）直接与全文文本的一次数据高速对照，进行检索；②对文本内容中的每个检索项进行位置扫描，然后排序，建立以每个检索项的离散码为表目的倒排文档；③采用超文本（Hypertext）模型建立全文数据库，实现超文本检索。其中，超文本是非线形结构的文本，完全按信息块之间的逻辑关系组织信息块，并依此引导检索浏览。随着相关硬件、算法、文本处理技术及人工智能技术的发展，文本信息的深层检索技术日臻完善，发展前景乐观。

除文本信息外，声音、图形、图像等多媒体信息的处理仍有待进一步研究。开发以语音、图形、图像为基本内容进行查询的技术是目前研究的重点和热点。早期的图像数据库沿袭了传统数据库基于关键词的检索方式，但由于图像和视频信息的内容就有丰富的内涵，在许多情况下不是仅用几个关键词可以充分描述的，于是产生了基于内容检索（Content Based Image Retrieval，CBIR）技术。它区别于传统的检索手段，融合了图像理解技术，从而可以提供一种从图像/视频库中根据人们提出的要求进行有效检索的方法。它具有三个特点：①利用反映图像/视频内容的特征来进行检索；②是相似度检索，即根据库中各个被检索单元（图像或镜头)与检索要求的相似性程度而返回检索结果;③除特征检索外,还提供许多其他检索手段,如可通过提供样本图像进行相似性检索,也可通过人机交互进行浏览检索。

6.3.2.3.4 数字化信息的传播技术

信息的有效传播主要涉及三方面技术:信息打包技术、网络通信技术和网络/系统设备的共享性技术。目前,对于文字信息已基本可以实现实时传输,但对于音频、视频等多媒体信息要实现"无障碍"实时传输还存在一定困难。要解决这一问题,有两种办法:一是增加网络带宽,改善网络互联协议;二是采取一定的压缩技术打包。增加网络带宽主要依赖网络硬件技术的发展;压缩打包技术必须保证不能太影响读取与再现速度,保证信息解压后能不失真地重现。另外,为了保证接收方快速有效、不失真地接收到原信息,双方入网的设备与系统的兼容共享性要好,这又涉及硬件设备设计与生产标准和软件系统设计标准的问题。为了实现音频、视频等多媒体信息方便、快捷、高效地传输,除不断改善网络协议,增加网络带宽,研制新的网络设备外,研究开发更先进、实用的压缩打包技术也是一个重要方面。

关于数字化信息(尤其是多媒体信息)的传送,在压缩打包技术方面,一些数据公司已经开发出了一些较实用的打包技术,并在压缩原理上作了许多有意义的探索,为今后的深入研究提供了基础;在网络设备方面,目前综合业务数字网(ISDN)是基本的传输网络。ISDN分为窄带(N-ISDN)和宽带(B-ISDN)。其后者,如用ATM、帧中继等可较好地作为多媒体信息交换方式的网络。正在研究、实施中的"三网合一"将成为未来数字图书馆的传输环境。

6.3.2.3.5 数字化信息安全防护技术

信息数字化后,在方便利用的同时,也使非法盗取、复制、修改他人作品变得更加容易。另外,数据的意外丢失与损坏也成为经常的事。因此,信息的安全保护问题就变得日益突出。目前,这方面的研究主要涉及两个方面:系统安全性和数据安全性。保证系统安全性主要是保证系统内的数据不被损坏、丢失,主要方法是数据备份,防止意外损害和防止黑客等。这方面是目前系统安全维护工作中最受关注的,操作系统的使用、软件的设计,以及系统管理制度的制定都在这一方面做了很大努力。数据安全性则主要包括保持数据的一致性、完整性和使用权限的可控制性等。

6.3.2.3.6 联机分析处理技术

联机分析处理(OLAP)也称多维分析。它是一种数据分析技术,能够完成基于某种数据存储的数据分析功能,可以简单地定义为共享多维信息的快速分析。联机分析处理的数据基础是多维数据库。多维数据库可以简单地理解为:将数据存放在一个n维的数组中,而不是像关系数据库那样以记录的形式存放。因此,它存在大量的稀疏矩阵,人们可以通过多维视图来观察数据。多维数据库增加了一个时间维,与关系数据库相比,它的优势在于可以提高数据处理速度,缩短反应时间,提高查询效率。

目前有两种联机分析处理的产品:基于多维数据库的MOLAP和基于关系数据库的ROLAP。

6.3.2.3.7 数据挖掘和知识发现

数据挖掘实际上是数据库中的知识发现(KDD, Knowledge Discovery in Database)的一个关键步骤(一般将KDD中进行知识学习的阶段称为数据挖掘)。在应用中人们对这两个概念经常不加区别地使用。在工程领域中多称为数据挖掘,而在研究领域人们则多称为数据库中的知识发现。

KDD是一种决策支持过程,它主要基于人工智能、机器学习、统计学等技术,高度自动化地分析系统中原有数据,作出归纳性的推理,从中挖掘出潜在的信息、模式,作出预测,提供决策支持。简而言之,KDD就是利用机器学习的方法从数据库中提取有价值知识的过程,是数据库技术和机器学习两个学科的交叉学科。数据库技术侧重于对数据存储处理的高效率方法的研究,而机器学习则侧重于设计新的方法从数据中提取知识。KDD利用数据库技术对数据进行前端处理,而利用机器学习的方法从处理后的数据中提取有用的知识。KDD与其他学科也有很强的联系,如统计学、数学和可视化技术等等。日常的数据库操作中,人们经常使用的是从数据库中抽取数据以生成一定格式的报表,而KDD则是对数据背后隐藏的特征和趋势进行分析,最终给出关于数据的总体特征和发展趋势。

KDD的数据分析过程可以分为三个步骤:数据准备(Data Preparatoin,又可以细分为数据集成和数据选择和预分析)、数据挖掘(Minning)和表述(Presentation)。

6.4 数字图书馆中数据仓库的实现

在数据仓库的实现过程中需要完成建立数据仓库与业务处理系统的接口,完成数据仓库体系结构的建立,进行数据仓库的数据初次加载等。

6.4.1 数据仓库与业务处理系统的接口设计

这里需要考虑接口与其他系统的集成问题,所以接口需要能面向应用和操作环境,生成完整的数据。

6.4.2 数据仓库体系结构的建立

逻辑模型和物理模型都完成了设计,完成数据仓库体系结构的建立需要在现有的数据仓库建立工具中选择与设计方案一致的工具来实现。

6.4.3 数据仓库数据的初次加载

在建立了数据仓库体系之后,就可以开始数据的初次加载工作。在数据加载之前,首先需要对准备加载的数据进行清理,即对数据按照标准进行格式化处理,这些清理工作可以在一个专门的数据清理区或数据准备区内进行。数据的清理工作必须严格依据元数据的定义进行。一旦数据清理结束,就可以将经过净化和转换的数据加载到合适的数据仓库事实表中。在库中的数据,以反映刚完成的数据加载活动,并对受影响的概括数据重新进行概括处理。数据的加载活动应该使用标准方法和公用工具,这样可以在提供加载数据仓库最有效方式的同时,满足最小化定制开发工具的需要。否则,需要根据数据抽取和转换过程的需要,自行设计一些定制加载过程。数据加载之后,还需要更新元数据。

至此,数字图书馆的数据仓库初步设计完成。在完成数据模型设计之后,该数据仓库只需要能与数据模型的设计相配合的专业工具和设备来具体实现。